老い方がわからない

門賀美央子

双葉社

目次

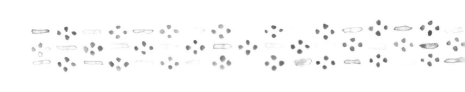

老い方がわからない

装幀　大路浩実
装画　ネルノダイスキ

まえがき

ワタクシは、大いに困っていた。

いや、現在進行形で困っている。

つい三〜四年ほど前まで、私は〝死に方〟がわからなくて困っていた。五十路《いそじ》を目前にして〝一人っ子配偶者なし子なし〟の我が身を振り返った時、「あれ？ もしかして今いきなりぽっくり逝ったら、後始末が大変なことになるんじゃね？」と気づいたのだ。

ここで自己紹介しておこう。

私、門賀美央子は前述した通り完全無欠の独り者として渡世する昭和四六年、西暦にして一九七一年生まれの女性である。職業はいわゆるフリーライターってやつ。最近では文筆家と名乗ることも多いが、やっていることは変わらない。

ライター業は昭和前期まで売文業と呼ばれていた。個人的にはこっちの方が我が職を端的に言い表していると思う。また、フリーランスの訳語は自由業だが、どうも今一つわかったようなわからないような言葉なので、職業欄の選択肢として強制されない限りあまり使用しない。

なんにせよ、世間のスタンダードが「会社員、既婚、子供あり」なのだとしたら、どれ一つかすっていない、なかなか堂に入った少数派である。

おかげで我が人生／ライフスタイルにはなかなか「世間の常識」が当てはまらない。死に方も然り。世の中の制度は基本「ケアしてくれる誰か」がいることを前提に設計されているので、私には使えないものばっかりだったのだ。

そこで一念発起し、死にまつわる古今の名著を読んだり、世の実情を調べたり、死に関わる職業の方々にお話を聞くなどして「いつ死んでも安心」な体制を整えようと決心した。そして、その過程を「死に方がわからない」と題したエッセイに綴った。ぼやき漫談のような駄文だったもののの、うだうだと発表しているうちにそれなりに目鼻がついてきた。途中でコロナ禍に突入、世界が恐慌と混乱の坩堝になったのを後目《しりめ》に、私自身の不安は解消していったのである。

しかも、だ。エッセイは一冊にまとめられ、二〇二二年九月に出版の運びとなった。大変うれしいことではあったが、小心者であるゆえに発売日から数日は返本の山という幻視に苦しめられ、ハラハラドキドキ心臓だけが大騒ぎしていた。

しかし、幸いなことに想像以上の多くの方々に「これおもろいな」と思っていただけたようだ。おかげさまで版を重ねた。なんとありがたいことか。拙著の可能性を信じてくれた編集者Hさんにも恩返しができた。

私にとってはまさにシンデレラ級の大団円である。「そして私は死ぬまで幸せに暮らしましたとさ、めでたし、めでたし」でエンドマーク、のはずだったのに。

まだ、困っているのだ。

今度は何に困っているというのか。

それはずばり「老い方」である。

どうすりゃ上手に年をとっていけるかがわからなくて困っているんである。

「は？　年なんか勝手にとっていくでしょ？　何を困ることがあるわけ？」

嗚呼、世間様の呆れ顔が目に浮かぶ。

ホラー小説『リング』に登場する「呪いのビデオ」の描写のように、口々に罵《ののし》っては嘲笑《あざわら》う群衆の顔が脳内にポップアップしては消えてゆく（マニアックなたとえで恐縮です。でも、このシーン、ホラー小説史上きっての名場面なので、未読の向きはぜひこの機会に読んでみてください）。

無理もない。普通の感覚なら「老い方がわからない」なんて確かに取り越し苦労でしかない。

それに、ほんの少し昔——たとえば昭和四〇年代ぐらいなら、問題にもならなかっただろう。

当時の平均寿命は七〇歳前後。平均はあくまで平均なので最頻値とは異なるが、最近の傾向から類推するとプラス五歳ぐらいが「もっとも多くの人が死ぬ年齢」のようなので、まあだいたい七五歳前後で亡くなる人が多かったと思われる。七五歳なんて今なら「まだお若いのに」と惜しまれる年齢。半世紀でずいぶんと様変わりしたものだ。

では、人生七五年時代の「老後」はどうだっただろう。

定年が五五歳としたら、余生はおよそ二十年。

年金は、厚生年金なら男性六〇歳、女性五五歳からもらえた（国民年金は六五歳からで今と同じ）。なぜ男女差があるかというと、当時の女性の定年は、男性よりかなり早かったからだ。なんと三十代での定年制まであったという。退職金の額も大差あった。男女差別が制度化されていたのだ。

男性の場合、定年後受給まで五年は間があったが、退職金制度が今よりしっかりしていたのでそのぐらいは十分持ちこたえられた。なにせ退職金で家を建てた時代である。なんちゅうか、素直にうらやましい。

また、男性は公共職業安定所（現在のハローワーク）で職の斡旋《あっせん》を受けることができた。就職活動中は失業手当が出るのでいきなり収入ゼロにはならない。ちなみに女性にも名目上門戸は開かれていたが、実際には蚊帳の外だったそうだ。ほとんどの女性は自力で仕事を探すしかなかったという。そして、現役時代の給料が安いせいで年金の額も男性より低かった。

一方、退職まで普通に勤め人をしていた男性ならば暮らすに困らない額があった。さらに、七〇年代なら軍人恩給や戦争遺族年金を受給していた人もいただろう。また、核家族化が進行中とはいえ、まだまだサザエさん型ファミリーが多かった。もちろん個々の事情はあろうが、社会全体としては老いの環境に不安を感じる要素は今より少なかったと思しい。

だが、二十一世紀ニッポンは違う。まったく違う。団塊ジュニアにして就職氷河期先鋒グループ所属の私にとって、老後は不安の塊でしかない。だって現代の老いを巡る状況なんて、マイナス要素しかないんですもの。少子化と高齢化が、日本社会を完膚なきまでに変えてしまったんだから。

二十世紀ニッポンを振り返ってみると、大正生まれだった祖父母世代は日本史上はじめて人生八〇九〇時代に突入、団塊の世代である父母世代は場合によって何十年も親の介護をしなければならなくなった最初の人たち、といえる。

では、私たちの世代はどうか。

これはもうはっきりしている。

介護保険サービスがジリ貧一方の環境下、長期間にわたる親の介護を覚悟しなければならない。けれども少子化により自分たちを介護してくれる層はほとんどいない。場合によってはゼロになるのも覚悟しておかなければならない世代、なのだ。個々の家族構成はさておき、社会構造の基礎たる人口ピラミッドを見れば日本社会が〝二十一世紀老人〟を支えられなくなるのは一目瞭然である。

次ページにあるのは総務省統計局が二〇二一年度に作成発表した、現時点では最新の人口ピラミッド図だ。

この形、チャイナ帽をかぶった人の横顔が左右対称で並んでいるようにも、ソフトクリームの

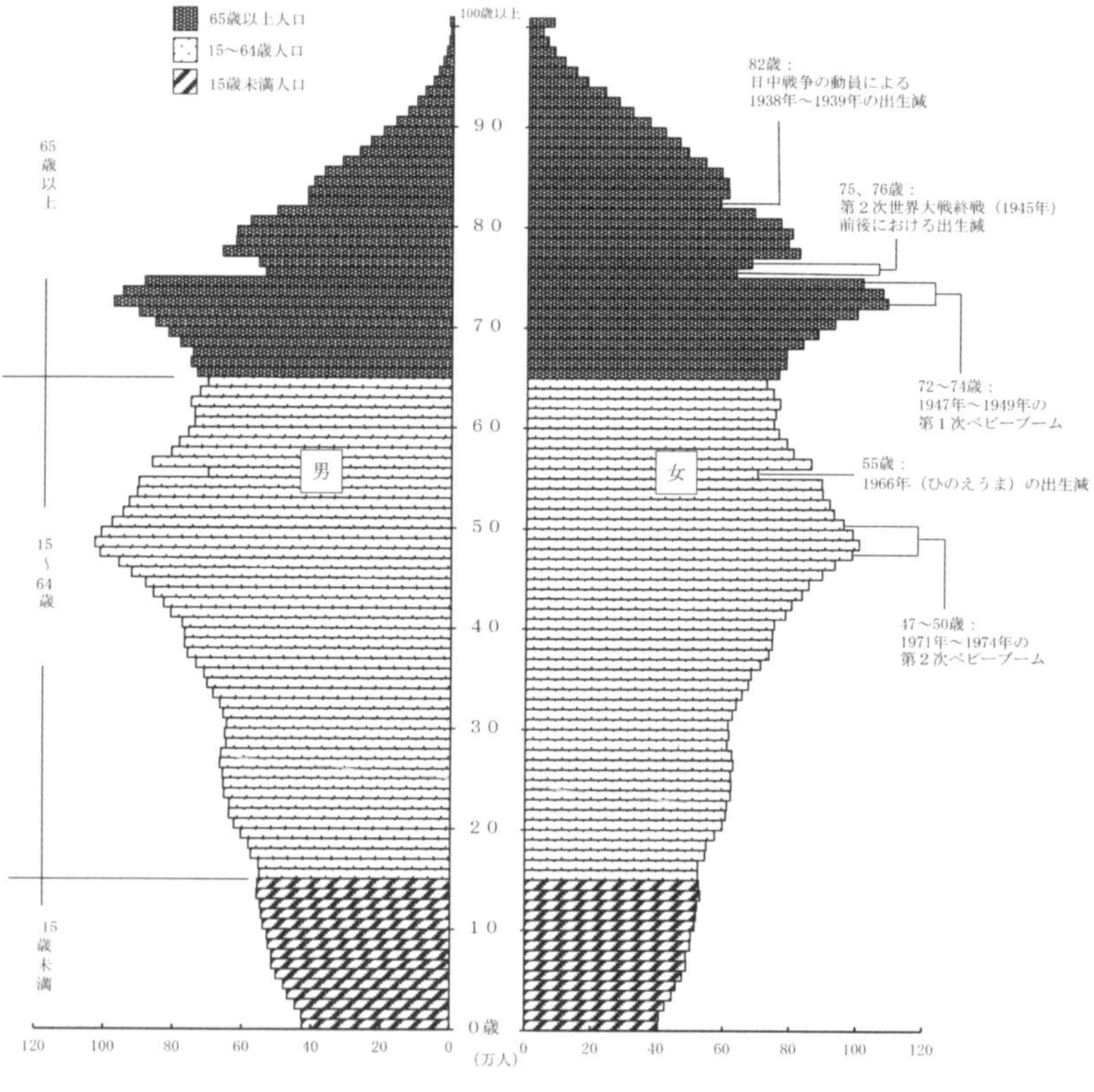

*総務省統計局公表データ（https://www.stat.go.jp/data/jinsui/2021np/index.html）

ようにも見える。擬宝珠って答えもありかもしれない。ま、心理テストではないので何に見えたところでどうということはないのだが、データとして見ると浮き上がる現実はひとつしかない。

私世代、つまり第二次ベビーブーム生まれの下は人口尻すぼみ。出産可能な年齢層に人口のボリュームゾーンがない以上、もはや回復の見込みなし。今、高齢者と呼ばれている人たちは私たち世代でなんとか支えられるが、私たち自身はもう誰からもケアしてもらえないのである。

そして、一番の問題は、こんな歪《いびつ》な人口ピラミッドを経験した民族は、歴史上未だかつてない、という点だ。経験がない以上、先人の知恵に頼ることはできない。つまり、自分たちで試行錯誤しながら対策を考えるしかないのだ。

さらに、さらにおっそろしいのは、この問題が当事者世代以外、誰もかれも完全に他人事である、という点だ。なにせこの問題で困るのは私たちだけだから。上世代は「わしらはお前らが支えろ。お前らを誰が支えるかは知らん」だし、下世代は「お前らを支えるだけの人口を生み出せなかったのはお前らなんだから、自分たちでなんとかしろ」だろう。

後続がいない以上、我々がどれほど良案を編み出しても世間的には「一過性のパッチ当て」としか認識されない。試行錯誤の苦しみは忘れ去られ、後世にインパクトを遺すこともないだろう。あるいは中国のように、今後未曾有のアンバランス高齢化社会を迎える国だけがチラ見程度に参照するかもしれないが、お国事情も色々と違うし、そうそう役に立つまい。

つまり、団塊ジュニアは老後対策 of the 我々、by the 我々、for the 我々をやっておかなければばならず、やらなければ暗黒の未来へまっしぐら、なのだ。

人生百年時代なんて言葉があるが、それは誰もが百年間幸福に生きられる時代、という意味ではない。命ばかり百年永らえるが人並みの生活ができるかは保証されない時代、である。

国家による「手厚い老後政策」は、おそらく団塊の世代で打ち止めになるだろう。衰退の一途をたどる今、たぶん〝法の下の平等〟なる建前はもう捨てたいのだ。近頃の社会福祉政策を見ていると、平均寿命なんかこれ以上延びてほしくないって本音がにじみ出ている、気がする。特に、十分な蓄えがないのに国民年金しか老後の糧がない私のような人間や、無年金の人間なんて、とっとと死んでほしいに違いない。なんなら年金を受け取る年代になる前にぽっくり逝ってくれないですかね？　と思っているのかも。

繰下げ受給の上限を七〇歳から七五歳まで五年間延長する政策も「六五歳以降も働く人が増えている現状を鑑《かんが》みて、受給時期を遅らせることで受給額を増やせるようにする」ためだそうだが、私には「七五歳までの間にひとりでも多く死んでくんねえかな？」とつぶやく声が聞こえる、ような気がする。

デフレを理由に下がり続けた受給額は、二〇二三年度にはようやくわずかながらあがる見通しなのだそうだが、物価上昇率やらその他諸々の伸びがそれを上回るため、実質目減りとする概算が出ている。

介護保険サービスもどんどん低下している。サービスが低下すると、働き盛りが介護に手を取られ、フルタイムの仕事はできなくなる局面が増えるだろう。また、最近聞くようになったヤングケアラー、つまり学齢期の子供が家族の介護要員にならざるをえない状況も増加するに違いない。どちらのパターンも経済にはマイナス要因だし、介護者の生涯設計が立ちゆかなくなると貧困が増え、ひいては国家負担が増えるだけだと思うが、そんな先のことはもうどうでもいい、って気分にお役人たちはなっているのかもしれない。それとも負担する気なんかハナからないのかも。

いずれにせよ、このままでは危機的状況になるのは目に見えている。そうした社会で老いていかなくてはならない私が、私のためにできることは一に自衛、二に自衛しかない（社会のためにできることは他にもあろうが）。

でも、どうやって自衛すればいいというのか。

今のところ、さっぱりわからないのだ。

だから、困っている。

二〇二一年、私はめでたく五十路に入った。老いのとば口に立ったのだ。

自慢じゃないが、ここまでの半世紀は計画性もなく成り行きまかせの人生だった。それはそれで楽しくって、結構満足している。しかし、いくらこれまでがよくても先行きが悲惨なら目も当てられない。どうせなら最後まで「満足人生」にしたいではないか。

そんなわけで、新たに老い方探しの旅に出ることにした。今回はどんなジャーニーになることやら。やれやれ、である。

老いの行程表づくり　ロールモデルを探そう

老い方探しの旅に出ることにした私。

手始めとして、まずは旅の行程表を作ることにした。

両手ブラリ戦法でとにかく一歩踏み出す系の無謀な挑戦は、若さ溢るるお年頃なら胸躍る冒険になることだろう。

だが、こちとら押しも押されもしない堂々たる中高年である。無計画のまま一朝事あれば、そのままコケる。長年培《つちか》った笑顔と知恵で乗り切ろうとしても体力がついてこない。リカバリ力がトータルで低下しつつあるのは、極めて遺憾ながら、認めざるをえないのだ。ドラクエの勇者のようにひのきの棒と布の服の初期装備だけでフィールドに出ようものなら、次の町に着く前に死ぬ。

目標をきちんと定め、準備万端遺漏なく整え、なんなら保険をかけておく。中高年の旅はこれぐらいで丁度なのだ。

よろしゅうございますか？

年をとったら計画大事。

声に出して読みたい日本語である。

そんなわけで本題、行程表。

行程を組むなら、目的地が明確でなければならない。

今回の旅は「老い方探し」が主目的なのでどんな「老い」が理想なのか、まずはそこをはっきりさせておくべきだろう。「老い」の先にある「死」については拙著『死に方がわからない』に書いておりますのでどうぞそちらをご参照ください（宣伝）。

さて、理想の老いの探究とはすなわち「どんな年寄りになりたいか」の追求であろう。

私の場合、これは比較的はっきりしている。ロールモデルが複数いるのだ。

◆第一のモデル　賢い老婦人たち

第一のモデルはミス・ジェーン・マープルだ。ミステリーの女王アガサ・クリスティが生んだ史上最強の老女探偵である。日本では、同じくクリスティ作品の探偵なら気取り屋のちょび髭ベルギー人エルキュール・ポアロの方が有名だが、世界的には互角の人気を誇る。

敬称がミスであることからもわかるように、彼女は未婚のまま年老いた。なんでも若い頃、親に結婚を反対され、生涯独身を通す決心をしたそうな。純粋かつ意志堅固な人だ。

小説での描写によると彼女は「雪白の髪をいつも高々と結い上げ、年寄りらしい、薄青いやさしそうな目」をしているそうだ。年齢が明示される場面はないものの、小出しにされるプロフィールを組み立てると、初登場時は古稀《こき》前後だろう。身なりは地味で簡素だが、いつもきちんと整えられている。何もなければ櫛も通さないボサボサ頭のままアイロンいらずの服で日がな一日過ごす私とは大違いだ。

自宅はロンドン郊外の村に建つ庭付きの古風な家。一日の大半を庭いじりや編み物に費やす。読書も好きなようだ。本人は近代教育を受けていない無学な人間と謙遜するが、実のところなかなかの教養人である。とはいえ、それをひけらかすことは滅多にない。

容姿といい、ライフスタイルといい、鋭い頭脳以外はごく普通のおばあちゃんとして市井の片隅で生きる彼女。だが、ごく一部——知人や村人、そして警察上層部には熱烈な信奉者がいる。彼らと同じぐらいミス・マープルに心酔する私がその愛を語り始めると自分でもめんどくさいぐらいなので説明はこのあたりで止めておくが、彼女が老いのロールモデルとなりうるのは、その人格および言動にある。

探偵としての彼女の武器は、長い人生で培った経験値と年老いても衰えない洞察力、そして観察眼だ。派手な捜査や科学的プロファイリングなどせずとも、ただ人の話に静かに耳を傾けるだけで事件の核を的確に探り当てる。事件の核とはすなわち「事件を起こした人間の心理」だ。偶発的な事件も計画的な犯行も、すべて人間によって引き起こされる。よって、人間分析こそ事件解決の要となるのだ。そこで、過去の見聞に照らし合わせ、類似の事例を鑑みてもっとも合理的かつ妥当な結論を導き出すのが彼女の手法だ。

これにより常に誰よりも早く真犯人と犯行方法にたどり着くけれども、謎解きの目的は功名心ではない。持ち前の好奇心と被害者への同情心が動機である。よって、手柄はすべて警察に引き渡し、ゆえに刑事たちも素直に感謝と尊敬の念を寄せる（ウザがるのもいるけれども、これはまあお約束）。

だが、人が好《よ》いだけではない。第一印象だけで彼女を愚かな老いぼれと侮《あなど》る連中（主に男性と若者）に対しては、その侮蔑を逆手にとるぐらいの強かさを持っている。平凡で無害な老女然とした姿を捜査に利用するあたり、なかなかの策士だ。

また、人の邪《よこしま》さや愚かさを知り尽くした彼女の人間観はなかなか辛辣である。たとえば、初登場作「火曜クラブ」では、作家の甥に向かってこんなことを言う。

「私から見ると、たいていの人は悪人でも善人でもないわ。でも、ごく単純に、とても思慮に欠けているんですよ」

これ、「あ〜わかる〜」ってなりませんか？　いや、私はもちろん思慮に欠ける側なんだけど、たしかに人に道を誤らせるのは悪の心ではなく愚かさだ、というのはストンと腑に落ちる。どれだけ賢いと評判の人でも、ふとした瞬間に心を愚かさに支配されてはやらかしてしまうものだ。人が人であるかぎり、これは逃れようがない。

ミス・マープルはそんな「人の悲しさ」を熟知しているから、惑わされないし、騙されない。そして、時には被害者だけでなく犯人にも同情を寄せるだけの度量の大きさを持つ。これらが総合的に働いた結果、おのずと名探偵になるのだ。それもこれも、年の功を上手に活かす術《すべ》を知っているからだろう。

〝長い人生〟そのものに物言わす老女探偵。

ああ、なんてかっこいいんでしょう。モンガミオコもかくありたい。

ミス・マープル愛を思うさまに語って気が済んだので、ここで彼女から学ぶべき点を整理しておこう。

・人生で得た知見を血肉にして活かす。
・人間へのあたたかな同情と冷徹な視点を併せ持つ。
・好奇心を失わない。
・軽侮にはツノ立てて怒るのではなく、利用して最終的に相手を制する（合気道？）。

なお、類似の「かっこいい老女」には、ドロシー・ギルマン作『おばちゃまは飛び入りスパイ』シリーズのミセス・ポリファックスやテレビドラマ「ジェシカおばさんの事件簿」のジェシカ・フレッチャーなどがいる。この二人はミス・マープルよりかなりアクティブだが、老女ならではの観察眼と経験値を最大限活用するという点で同じだ。大いに参考になる。ぜひ作品に触れてみてほしい。

◆第二のモデル　ひとり暮らしの老魔女

ロールモデル二番手。これまたフィクション上の老女だが、ジャンルは代わり、アニメの世界の住人である。名を銭婆《ぜにーば》という。名前自体はあんまり知られていないかもしれないが、アニメ映画「千と千尋の神隠し」に登場する湯婆婆《ゆばーば》そっくりのもうひとりの魔女、というと「あ、あのおばあちゃんか！」と思い当たる向きも多いのではないだろうか。

銭婆は湯婆婆の姉であり、湯婆婆と同じく魔女である。実力は妹に勝り、恐ろしい存在として名を轟かせている。実際、見かけは湯婆婆とほぼ同じなので迫力満点だ。だから彼女を老いぼれとなめてかかるような愚か者はいない。

しかし、本当は穏やかでバランスの取れた人格の持ち主だったりする。湯婆婆と違って誰彼構わず脅しつけるような真似はしない。ある目的のために訪ねてきた千尋を優しく迎え入れ、助言し、手助けするほど親切な女性である。最初はかなりビビっていた千尋も最後には「おばあちゃん」と親しげに呼ぶようになるほど、好《よ》い人なのだ。

こうした銭婆の姿は老い方の参考になるが、私が注目するのは彼女のライフスタイルである。銭婆は森の奥の一軒家でひとり静かに住んでいる。身の回りの細々としたことは魔法で動く道具に任せているらしい。でも、お茶を入れたり、編み物をしたり、生活を楽しむ手仕事は自分でやる。暮らしぶりは欧州風のおしゃれな自然派。いわゆる「ていねいな暮らし」である。

元来の私は「ていねいな暮らし？　けっ」と嘲笑うようなひねくれ者だった。だが、大都会・東京から神奈川県横須賀市という小田舎に移住してからは、三浦半島の神の導きによって回心した。めっきり「ていねいな暮らし」派になったのだ。庭付きの一軒家（ただし築六十年超の年季が入りまくった貸家）で暮らし始めて、ナチュラルライフの快適さに開眼したのである。ま、「なんちゃって」レベルではあるのだが。

本当の「ていねいな暮らし」なら、生活のすべては心を込めた手作業で行われるべきなのだろう。だが「なんちゃっていねい暮らし」では、機械や業者に任せられることは自分でしない。床掃除はお掃除ロボット、洗濯は全自動洗濯機、時間管理と音楽演奏はアレクサに委任している。魔法代わりに、電気と技術をフル活用するのだ。

それではナチュラルライフとはいえないではないかとお怒りの向きもあろうが、せっかく二十一世紀の文明社会に生きているのである。環境に配慮しつつも、文明の利器は使えるだけ使わないとつまらない。それで生まれた余暇を「趣味的ていねい」に費やすのが人間一番幸せだ。あえて苦行を選ぶようなマゾ気質は持ち合わせていない。

油屋の経営者たる湯婆婆は日々多忙で心労も絶えないようだが、銭婆はやりたくないこと、めんどうなことは魔法に任せて優雅な生活を送っている。世俗にどっぷりの湯婆婆と付かず離れずの銭婆。同じ「老いてからの生活」なら、後者のほうが断然いい。

そんなわけで銭婆から学ぶべき点を整理しよう。

・機械や他人に任せられることは自分でやらない。
・世間には怖いババアと思われているぐらいが自衛のためにもちょうどいい。
・自然に囲まれた静かな家で心の閑けさと豊かさをゲット。

さて、二つのモデルに共通するのは「老いの賢さ」といえるだろう。ユング心理学（ヘボいライターはだいたいユングとか引きたがる）でいうところの元型「老賢者」の女性版だ。男性社会だった学術の世界では「賢さ」はもっぱら男性の専売扱いだったが、民話などにはしばしば魔女や仙女として女性賢者が描かれ、存在感も大きい。私は、子供の頃から、そうした存在に憧れてきた。おとぎ話だって、お姫様より魔女が好きだった。これは、老いる定めのヒューマン・ビーイングたる私にとっては大変有利な性癖だ。ばあさんがお姫様にはなれなかろうが、魔女ならいける。幼き頃から心に宿す理想像の追求を、加齢が阻むどころか、むしろプラスに働くわけだ。すばらしいではないか。

よし。これで老いの人格、老いの生活環境のロールモデルが揃った。後は老いの心構えを教えてくれる人だ。

◆第三のモデル　天寿を完璧に全うした画家

ここまでの二人はフィクション上の人物だったが、三人目は実在の人物だ。

その人の名は篠田桃紅《とうこう》。現代アートに造詣深い向きなら即座に「ああ、なるほど」と納得してくださるのではないだろうか。

戦後すぐに書家としてデビュー、昭和三一年（一九五六）に単身ニューヨークに渡り、独自の抽象表現による墨絵を大成させた篠田桃紅——以後は尊敬の念を込めて桃紅先生と表記する——

は大正二年（一九一三）に生まれ、令和三年（二〇二一）に没した。享年一〇七。百歳以上の長寿者、いわゆる〝センテナリアン〟だ。

とはいえ、今どき百歳御長寿もさほど珍しくはない。なにせ国内だけでも九万人以上いるのだ。九万人といえば、長野県飯田市、兵庫県芦屋市などの人口規模に等しい。小都市の住人を丸々センテナリアンだけに置き換え可能と考えると、なかなかのインパクトである。ちなみに、老人福祉法が制定された昭和三八年（一九六三）には一五三人しかいなかったそうで、たった半世紀と少しで六百倍に増えたってんだから、なんともはや。

しかしながら、最晩年まで独立した暮らしを保ち、社会と主体的に関われるセンテナリアンとなると、やはりどっと減る。ほとんどの方は家族と一緒、もしくは施設で暮らしているし、認知症がかなり進んでいるケースも少なくない。社会との関わりとなると皆無に近くなる。

その点、桃紅先生はほぼ生涯現役だった。

制作は最晩年まで続けられ、個展も毎年のように開かれた。没後、アトリエにある机の上には絶筆となった作品がそのまま置かれてあったという。美術家としての生を全うされたのだ。

また、随筆家としても名高かった先生の最後の著作が出版されたのは死の当年だった。内容のほとんどは旧著からの再構成だし、新しい部分も語りおろしである。しかし、制作の最中には「これが最後の本になる」と再三仰っていたと記されている。これはつまり、桃紅先生が本の制作に主体的に関わっておられたことを意味する。単にお膳立てされた本が出るのを右から左で見ていただけなら、こんな言葉が出るわけがない。再構成本なら本人の意志とは関係ないところで出すのも可能なのだから。しかし、あえて「最後」と口に出すことで、出す出さないの判断をするのはこの私、と周囲に示していたのではないかなと思う。

こんなセンテナリアンがいったい何人いることか。本当にすばらしい。

ただ、そこだけを以てして我がロールモデルに、と考えているわけではない。

実は、桃紅先生の気質に、私と似たものを感じるのだ。

あ、そこのあなた、今「美術史に残る世界的アーティストと自分が似ているだって？　えらく図々しいことを言い出したな」と思いましたね。

はいはい、そうお思いになるのも当然です。

私だって思います。

でもね、ちょっと待ってちょうだい。

似ているのはあくまで気質、気質なんです。

気質　き-しつ〔名〕（1）生まれながらの気性。また、人に接したりする態度などに現われる、その人の心の持ち方。気だて。（小学館『日本国語大辞典』より）

わざわざ言及するのも野暮なほど、桃紅先生と私を比べた時、才能経歴人格美貌何一つとって及ぶところは皆無である。でも、気質だけはちょっと通じるものがあるのだ。

たとえば。


私の場合は、こうなりたい、と目標を掲げて、それに向かって精進する、という生き方ではありませんでした。自由を求める私の心が、私の道をつくりました。すべては私の心が求めて、今の私がいます。（『一〇三歳になってわかったこと　人生は一人でも面白い』より）

私は、一人でやりたいようにやってきました。美術団体や連盟などに所属することは、私の性格では無理なことでした。その代わり、自らによって生きることは、とても孤独なことです。しかし、それが私にとっての自然体でした。（『一〇五歳、死ねないのも困るのよ』より）

自由を求める心が、自分の道を作った。

孤独が自分にとっての自然体。

どちらの言葉も、私の心にはしっくり馴染む。まるで誂《あつら》えてもらったかのように。

一般的に「自由」とは「他者による強制を受けず、世のしがらみや規範から解き放たれている」状態とされる。しかし、桃紅先生はそのまま読み下して「自ら由《よ》る」、つまり自分に従う、自分に頼ることと解釈している。

この解釈に初めて触れた時、私はなんだか目の前の霧が晴れたような気がした。

そうだ。そうなのだ。

自由に生きるとは無軌道に突き進むことではない。

自分の心に従い、自分を杖として人生を歩むことなのだ。

桃紅先生は生涯独身で子は無く、病院で臨終を迎えるまで、通いのお手伝いさんの手を借りながらもひとり暮らしをしておられた。それが可能だったのは、可能にするだけの経済力や人脈があったから、ではある。そうそう真似できることではない。

だが、注目すべきは独居できるだけの気力と知力を最後まで保っていらした点だろう。そして、何よりすばらしいのは、独居の理由が「人に迷惑をかけたくないから」ではなく「それが私にとって自然だから」であるところだ。

独居するお元気御長寿の紹介本や記録映像は山ほどある。どの方々もそれぞれ立派に〝老い〟を生きていらっしゃって、尊敬の念を覚えないことはまずない。しかし、「迷惑をかけたくないから最後までひとり暮らしをしたい」とのたまう方が多いのには、正直ちょいと引っかかっている。

それは、心がけとしては麗しいかもしれない。けれど、孤独耐性のない人が我慢してひとり暮らしをしたって楽しくないだろうし、心身に悪影響が出るに違いない。迷惑をかけるストレスが孤独のストレスに勝るのであればともかく、そうでないならひとり暮らしなんて精神的苦痛に耐えてまでやるものではない。

桃紅先生は、インタビューなどでしばしば「自分はよく言えば自立心旺盛で、悪く言えばわがままだ」という主旨の発言をしておられた。

私もそうである。自分に由って物事を判断するのは苦にならない一方、人の判断を押し付けられるのはとてもイヤだ。人生に関わる大きな問題だけでなく、おやつに食べるせんべいの枚数から下着の柄みたいな生活の細部でも、他人に決められるのは御免こうむりたい。

もちろん、さほど思い入れのないことや主体が自分以外の場合、また、判断するに足る十分な知識を持っていないケースなどは、他人様にお任せするにやぶさかでない。

たとえばサッカー観戦に誘われたとしよう。贔屓《ひいき》のチームはこれといってないので、対戦カードは誘ってくれた人が決めてくれて構わない。ゲームがおもしろければ満足だ。

誰かが私の誕生日にサプライズ・パーティーを開いてくれたとしよう。サプライズ・パーティーなんてのは、お祝いの形をとりつつ楽しんでいるのは準備する側だ。つまり開催者が主体なのだから、多少気に入らないことがあってもグッと飲み込むだろう。気持ちだけをありがたくいただく。

料理屋でお酒のペアリングなんかを頼む場合は、おおまかな好みを伝えたらあとはお店にお任せする。こういう場合は、よりよくわかっている相手の意見に従ったほうが結局は得する。

私が他人任せにするのはこうしたことだけだ。いや、これらとて一見他人任せであっても、「他人任せにする」と決めたのは自分なので形を変えた自己決定といってよい。

桃紅先生のいう「一人でやりたいようにやってきた」とは、判断を誰にも任せず生きてきたということだろう。そんな〝わがまま〟の代償は〝孤独〟である。だが代償が代償と感じられないならストレスにはならない。

私は、桃紅先生のように、自分に由って生きる帰結として、今際《いまわ》の際《きわ》までひとりで暮らしたい。それこそ、私が快適生活を送る条件の第一なのだから。

要するに、老後のひとり暮らしなんて、根っから孤独が好きで、そのほうが楽に生きられる人間だけがやればいい。そうでないなら、迷惑だなんだと気兼ねせず、素直に誰かと暮らせばいいのだ。

私だって、いずれは「やっぱり誰かと暮らしたい」となるやもしれない。そうなったらそうなったで、グループホームに入居するなり何なり方策を考えればいい。老いてまで自分の心に嘘をついて生きるのは真っ平である。その時その時の自分と素直に、率直に向き合い、「本当はどうしたいのか」を大切にしていきたい。

何よりも大事なのは自分を快適に過ごさせてやることだ。でも、そのためには自分にとっては何が快適なのかを明確に把握しておかなきゃいけないし、同時に心変わりした時に慌てないよう、別の生き方も知識としては仕入れておいたほうがいい。

そんなわけで老いの気構えの結論。
・最後まで自分に由って生きるために、自分と向き合うことを恐れない。
・変化を恐れず、自分の心には正直に。
おや？　私の中の冷笑派代表選手・冷央子がなにやら鼻で笑っているみたいですよ？

「またえらくかっこいいな、モンガミオコ。ま、言うだけはタダだもんな。せいぜいがんばってくれや」

はいはい、せいぜいがんばりますとも。誰かに笑われたって、私の老後は私にしか作れないんだから。できる限りいい老後にしてやりますよ。

反面教師もみておこう

さて、これでロールモデルは出揃った。ロールモデルとして上げた三人は女傑揃いだ。理想として完璧ではあるが、私がそうなれるかどうかはかなり心許ない。ていうか、最初から負け戦が決まっている気がする。
でもいいの。目指すだけでも無駄じゃないと思うから！（スポ根的発想）
ただし、物事にはなんでも裏表がある。モデルについて考えたなら、反面教師にも目配りすべきだ。

では、老いの反面教師とはどんな人物だろう。

ちょっと考えた末、第一候補として我が脳裏に浮かんできたのは、文豪・永井荷風だった。永井荷風は裕福な家庭の長男として明治一二年（一八七九）に生まれ、境遇と才能に恵まれながらも偏屈な己を貫き、時代にも左右されず、昭和三四年（一九五九）に七九歳で死去した。今だと享年七九はさして驚くほどの長寿ではないが、当時男性の平均寿命は六五歳程度。今の平均寿命にプラス十四すると百歳近い年齢になるので、当時のセンテナリアン的存在といっていいだろう。

大正時代にはすでに文名を揚げ、飄逸《ひょういつ》とした作風から孤高の文学者とみなされていた彼は、六五歳で敗戦の日を迎えた。戦禍の中、なんとか命だけは拾った。だが、理想通りに建てた自宅「偏奇館」を東京大空襲で焼かれ、膨大な蔵書や書画骨董のすべてを失っていた。

荷風の老いは、喪失から始まったのだ。

普通ならここでガックリきて、命が短くなってもおかしくない。だが、自由奔放に生きた明治一代男はしぶとかった。ほぼ着の身着のままの状態からもう一度筆一本で立ち直ったのである。そして最後まで好きなように生き、一人で死んでいった。

と、こんな風に説明すると、「なんで反面教師？　むしろロールモデルなんじゃないの？」と思われるかもしれない。

私も半ば、ロールモデルにしたい気持ちもある。特に、死の前日まで近所の飲食店でカツ丼を食べていたという事実。これなんかはもう本当に見習いたい。八〇歳を前にしてトンカツを食べていたい。

しかし、である。

荷風晩年の暮らしは、手本にはならない点がいくつかあるのだ。

その最たるものはセルフ・ネグレクトだろう。

最晩年の荷風は千葉県市川市に平屋の一軒家を建て、そこに独居した。身の回りの世話は、一応通いの家政婦に任せていた。

けれども、部屋の状態はひどかった。

まず、煮炊きは台所ではなく、畳の部屋に七輪を持ち込んでやっていた。衛生面や防災面を考えれば、普通はしない。ほぼ奇行である。七輪を燃やすんだから、部屋の畳はそりゃあ無惨なことになっていた。また、寝起きする布団もひどかった。枕は頭皮の脂でテカって、見るからに不潔な状態だったらしい。昔は男やもめに蛆《うじ》がわき、女やもめに花が咲くなんて言ったもんだが、それそのまんまだったようだ。

ただこれだけなら家政婦は仕事をしていなかったのか？　って話になってしまうが、おそらくそうではない。何が起こっていたかはだいたい想像がつく。頑固な荷風が、手出しをさせなかったのだろう。

あなたの周りにもいませんか？　こういうご老人。やってあげようって手を差し伸べても、キーッ！　ってなって邪険に振り払う人。

荷風はもともと生活全般にこだわりが強く、なんでも決めた通りにやらないと気が済まなかった。その言動をつぶさに追っていくと、発達障害があったように見受けられる。もっとも当時そんな概念はないので、単に〝極めて偏屈な奇人〟とみなされていた。

他人と同居できる性格でもなかった。親の言いつけで結婚した最初の妻はひどい仕打ちをして追い出しているし、相思相愛で一緒になったはずの二番目の妻には早々に愛想尽かしをされた。その後も何度か妾をこさえては同居しているが、長続きすることはなかった。たぶん、荷風のこだわりに誰もついていけなかったのだ。

こうした性向は老化するにつれ丸くなって収まるどころか、余計にひどくなっていった。戦後、家を手に入れるまでは支援者や縁者などの家で厄介になったのだが、みんな最後は音《ね》を上げて「出ていってくれ」と頼むほど協調性も常識もなかった。部屋の窓から小用を足したっていうんだから、そりゃ一緒に住む方はたまったものじゃない。

先程、篠田桃紅は自分をわがままと評していたと書いたが、彼女のわがままとは大人のわがまま、つまり自己決定の言い換えだ。一方、荷風の傍若無人さは、子供のわがままであり、とてもじゃないがお手本にはできない。

死に方も微妙である。彼は「ぽっくり死にますぜ」と宣言していた通り、病みつかずにある日ぽっくり逝ってしまったのだが、家の中で背広姿のまま正座した状態で血まみれになって死んでいたので、殺人事件を疑われて大騒ぎになった。検死の結果、持病の胃潰瘍が悪化して大量吐血をし、そのショックで心臓発作を起こした自然死とされたのだが。吐血するほどの胃潰瘍というのだから、前々から自覚症状はあったはずだ。しかし、医者にかからず、養生もせず（だってカツ丼食べてるのよ）、まんまと突然死した。この死に方の善《よ》し悪しについては、ひとまず置いておこう（気になる方は拙著『文豪の死に様』を御覧じろ）。

死の当日まで食事も散歩もできる体力を保ったままぽっくり逝けたのは、うらやましくもなくはない。

けれども、家の不潔さといい、不養生を重ねたところといい、晩年の荷風がいわゆるセルフ・ネグレクトだったことは想像に難くない。

セルフ・ネグレクトとは自己放任、辞書では「成人が通常の生活を維持するために必要な行為を行う意欲・能力を喪失し、自己の健康・安全を損なうこと。必要な食事をとらず、医療を拒否し、不衛生な環境で生活を続け、家族や周囲から孤立し、孤独死に至る場合がある。」と定義されている（小学館『デジタル大辞泉』より）。

荷風の場合、この定義にはまだらに当てはまる。医療拒否、不衛生な生活はあてはまるが、社会的に孤立はしていなかった。親族とは疎遠だったものの、熱烈な信奉者や旧知の人たちが何かと気にかけて世話をしていたのだ。

だから、もし本人にその気があればもっとまともな生活を送れたはずだ。資金だって十分にあった。とてもお金持ちだったから。けれども、頑なに改善しようとしなかった（晩年は認知や精神状態に問題を抱えていたような気配もある）。

心のままに過ごせたといえばその通りで、その点だけ見れば彼は老いのロールモデルになりうる。しかし、私はやっぱりきちんと自己管理しながら、普通の生活をしたい。だから、やっぱり荷風をモデルにはしたくない。

人間らしい暮らしを成立させる最低限のファクターは安全と清潔だ。それらが担保されて、はじめて利便性や快適性を付け足していける。乱雑で不潔な環境は人の精神を削る。「いや、わしはその方が居心地がよい」と強弁する人もいるが、いざ快適な環境を与えられたらそこから出ないことがほとんどなのだそうな。

そんなわけで、荷風はロールモデルではなく反面教師枠に入れざるを得ない。

「人に迷惑をかけたくない」教を疑え

けれども、一点だけ見習いたいところがある。
それは、人に迷惑をかけても平気の平左な人間だったところだ。
この強さ、ちょっとだけ見習いたい。
え？　人に迷惑をかけるのを見習いたい？　なに言ってんのあんた？

と思われたかもしれない。

そうでしょう、そうでしょう。

近ごろの日本人にとって、「人に迷惑をかけ（たく）ない」はすでに信仰ですものね。

かく言う私も、自己責任世代であるがゆえに「人に迷惑をかけ（たく）ない」教のライトな信者だ。しかし、教義には年々懐疑的になりつつある。

己を律するために「人に迷惑をかけない」を心がけるのはいい。滑らかな社会生活を送る上では重要だと思う。現代日本人であれば、荷風ばりの馬耳東風は失格だ。

しかし、「迷惑をかけない」が行動の第一規範、金科玉条にまでなってしまったら、かえって弊害が生まれやしないだろうか。

というのも、現実を無視して、「迷惑かけない教を堅信している私は誰にも迷惑をかけていない」と錯覚しちゃっているんじゃないかって人が増えている気がするのだ。

錯覚？　なにそれどういうこと？

こういうことです。

むかしむかし、私がまだピチピチのＯＬ（死語）だった頃の話。

当時、私は主任以下三人が所属するチームで仕事をしていた。チームメンバーは、みなとても善《い》い人で、しかも有能だった。だから、同僚としてほぼ不満はなかった、のだが。

ひとつだけ、強烈に迷惑をしていたことがあった。

お二人ともむちゃくちゃ真面目で働き者であったがゆえに、雨が降ろうが槍が降ろうが仕事を休まないのだ。

それの何が迷惑なの？　と思ったあなた。

そう思いますよね。

でもね、これが「風邪をひこうがインフルエンザに罹《かか》ろうが」だったら、どうです？

彼らは、仕事に穴を開けて迷惑をかけるわけにはいかない、その一心で多少の体調不良はおして出社してくるわけですが、いかんせん感染症の有病者がずっと同じ部屋にいるとどうなるか。

コロナ禍を経た今、もう皆さんおわかりのことかと思います。

その二人を発信源とするクラスタが発生するわけです。

そして、一番被害に遭うのは隣にいるこのワタクシ。二人から何度風邪をもらったことか。

「仕事を代行するより、伝染《うつ》されるほうがかなわないので、どうか休んでください。オフィスに来ないでください」とどれだけ懇願したことか。

しかし、二人には通じなかった。なにせ「仕事を休むと迷惑をかけてしまう」が骨の髄まで染み込んでいるタイプだったから。逆に言えば、仕事を休まない限りは迷惑をかけていないことになる。

私としては病気で苦しむぐらいなら、残業が増える方がよほどいい。だから「お願いだから、来ないで」と訴えるのだが、全然聞く耳を持ってくれない。彼らにとって「仕事を休む」は迷惑だが、「病気を伝染す」は迷惑と認識できない。たぶん風邪を伝染されるかどうかは自己管理の範疇と考えていたのだろう。「伝染す私が悪いのではなく、伝染されるお前が悪い」のだ。

迷惑をかけない教信者は、得てしてこうなりがちだ。自分が「迷惑」と認定していること以外は「迷惑」にカウントできない。

人間の脳というのはかなり勝手にできていて、自分が認識したくないものはスルーできるようになっているそうだ。「人に迷惑をかけていない」を人生の第一義にする人が心穏やかに過ごすいちばん簡単な方法は、実際にはかけている迷惑を迷惑とカウントしないことだ。意識的か無意識か、それはわからないが、とにかく「迷惑をかけている」と認識さえしなければ「自分は人に迷惑をかけずに生きている人間」と思い込むことができる。

けれども、これが欺瞞《ぎまん》であることは言うまでもない。

そもそも、現代人なんてのは、普通に生活をするだけで地球に迷惑をかけている。いや、古代人だって農耕を始めた時点で環境に負荷をかけ、あまたの動植物を絶滅に追い込んだのだ。その後の歴史は言うまでもない。

人類は存在そのものが「迷惑」なのだ。

話を身近なところに寄せたって、他人様にかけている迷惑なんて山ほど出てくる。

時間を指定したら九割はその通りに来る宅配便。三分遅れただけで「お急ぎのところ遅れまして申し訳ございません」と謝罪する公共交通機関。二十四時間いつ行っても商品が豊富に並ぶコンビニエンスストア。

私たちが当たり前のように享受する便利な生活を支えるために、多くの人が無理をしている。それが仕事なんだから、で終わらせるならそれもよろしかろう。しかし、現実は「便利の追求」がブラック労働を呼び、働く人たちの心身を削ることになる。過労死や労働災害が起こるのは、なにも現場ばかりの責任ではない。利益至上主義や消費者の過剰要求が巡り巡った結果だ。

極論すれば、私たちは普通の現代生活を営んでいれば誰もが誰かに「迷惑」をかけている。人に迷惑をかけずに生きている人間なんて、誰一人いない。

だから、私は思う。

まずは人に迷惑をかけずに生きるのは無理ってことを自覚しよう、と。

そして、せめてもの償いとして、自分でできることは自力できちんとやろう、と。

今回の老い方の探究だって「自分のできることをやる」の一環である。

老いや、その先にある死について、誰しも漠然とした不安を抱えていると思う。けれども、忙しい毎日を過ごす中で問題に向き合ったり、考えたりする時間を十分持つことは難しい。まして調査なんてできたものじゃない。

でも、私はたまたまそれができる立場にいる。だから、代行し、恥を忍んで駄文を綴り、公表するのだ。もちろん、一番の動機は「自分が安心したい」なのだが、結果を共有することで他人様のお役に立てるのであれば何よりと感じるのも嘘ではない。

私は生きているだけでどうしようもなく迷惑をかけてしまう存在。

まず、それを自覚する。

さらに、老いが進むにつれ、社会や身近な人々に迷惑をかけることは間違いなく増えていく。老いが衰えとセットである以上、これはもう仕方ない。仕方ないんだから、迷惑をかけないようにするより、かけるけれども、その分どこかでお返しするほうが建設的だ。もちろん、将来的に建設的なことは何一つできなくなるかもしれない。ならばまだできるうちに前払いしておけばいい。

積極的に迷惑をかけていきましょう、と言いたいわけではない。現役老人による老い方指南系の本にはそう提言をしているのもあったが、まだまだ老いの嬰児たる年代の私としては素直に「それはあかんやろ」と思ったものだ。やっぱり自分でやっておけることはきちんと準備して、人にお願いすることは最小限にしたい。

また、迷惑を「迷惑」と思うのはやめましょう、みたいな言い方もあんまり好きではない。だって、自分の心をごまかしたってしょうがないもの。

迷惑は迷惑。でもそれは避けられないもの。だったら何かでお返しすればいい。

それぐらいでいいんじゃないだろうか。

私には与えられるものなんて何一つない、と思う人もいるかもしれない。でも、ちょっとした親切や和らいだ言葉、明るい笑顔だけで救われる人はたくさんいる。かわいいおばあちゃんやおじいちゃんのキュートな笑顔なんて、それだけで御飯三杯は食べられるじゃないですか。

究極、にっこり微笑んだだけで他人様に御飯三杯食べてもらえるような老女に、私はなりたい。

なんか妙に大上段に構えた話になってしまった気がしないでもないが、これが最近の実感なので堪忍してほしい。自分が暮らしやすく老いていくための心構えとして、何より必要だと強く感じているのだ。

老いの自己教育計画づくり

老いの行程表づくりのためにまずはゴール地点、つまり老いの理想像を表裏あわせて検討した。

結果、モンガ的理想のおばあちゃん像を確立できた。

死ぬまで自立して自由に素敵に無敵に生きる。

なんだ、別に普通じゃんと思うかもしれないが、これを実現するのはかなり難しいはずだ。

では、成功を目指して次にするべきは何か。

ゴールがあるならスタートがある。つまり起点だ。起点の実際を洗い出し、第一歩を踏み出すための足元を固めなければならない。

では、起点とはいつか。

それは「今」である。

人生百年時代説を真に受けるにしても、二〇二四年現在の平均寿命で考えるにしても、五〇歳は否が応でも人生後半戦である。つまり確実に老いエリアに足を突っ込んでいる。

私の場合、五十代に入ってほどない今は老いの第一歩を踏み出したばかりといえるだろう。野球で言えば六回表で第一打者がピッチャーに球を投げられたばかり、サッカーで言えば後半戦のホイッスルが鳴って軽くボールを回しているぐらいだろうか。とにかく老いのスタート切りたてほやほやなのは間違いない。

ある意味、老いの一年生……いやさ老いのバブバブ期だ。

と、いうことはですよ？

今のうちにしっかりと計画を立て、着実に自己教育していけば、けっこういい感じに老いていけるんじゃない？　だってバブバブ期ですよ？　伸びしろしかないじゃん。

考えてみれば、私が平均寿命あたりでこの世からおさらばするなら、残りはあと三十年。百歳なんてことになれば五十年もある。前半生と同じだけの年月が残存しているのだ。これはつまりもう一度人生を始めるに等しいではないか。近頃流行りのラノベのように異世界転生をしなくても転生したようなもんだ。

二〇三〇四〇と私の人生暗かった、というほどでもないものの、試行錯誤が多すぎてもうちょっとうまくやれなかったのかなという反省はある。この手の反省は反省だけに終わるものと思っていたのだが、五〇歳を人生の再スタート開始年と位置づけたら話は変わってくる。反省を活かして今度こそみっちり実行可能な計画を立て、残りの人生に向けた準備を十年ぐらいかけてやればいいんじゃなかろうか。義務教育だって九年間なんだから、いくら吸収力や記憶力が衰えた中高年といえども十年もあればものになるかもしれない。よしんば早死したところで学びが無駄になることはない。だって、大人の学びは娯楽だもの。

けれども、いったい何を「もの」にすればいいのだろう。

教育とはすなわち計画であるってどこかの偉い人が言ったなんて話は聞かないけれども、教育学には指導計画という科目があり、研究テーマになるほど重視されている。やっぱり計画が大事なのだ。

再スタートを切るとしても、もし闇雲に始めるばかりなら前半生の二の舞になろう。

それだけは嫌だ、ぜったい。

よし、では「老いの行程表」作成の次フェーズは「老いの自己教育計画づくり」だ。なにか気の利いた横文字名でもつけて、それを冠にした肩書きでもでっち上げたら仕事になるかも。面倒だからやらないけど。

兎にも角にも老いの起点に立ったばかりの私、まず現時点の私をシビアに分析して、必要な老い教育を洗い出さねばならない。

つまり、今の私には何が欠けているかを考えなければならないのだ。

お前なんぞ欠けてるところだらけじゃねえか、と突っ込んでくる冷央子の声はひとまず聞かなかったことにする。ほんと、こいつは一々うるさい。人のやる気を削ぐことにかけては天才的である。我が人生、こいつの声に負けたことはたびたびあるが、十中八九良い結果にならなかった。よって今度ばかりは黙っていてもらう。私の後半生がかかっているのだ。雑音に気を取られてはおられまい。

今の私の〝心技体〟を分析する

だが、どのように自己分析をするべきか。太宰治ばりにつらつら述懐するだけでは文学にはなっても実効性は望めない。ここはパシッと、系統立ててやる必要がある。

そんなことを考えながらぼーっとネットニュースを見ていたら、春場所のニュースが目に入ってきた。

相撲中継もすっかり見なくなって久しく、今では名を知る現役力士は片手で数えられるほどなのだが、三月場所には少々思い入れがある。というのも、私が生まれ育った町にはいくつか相撲部屋の定宿舎があって、毎年三月になると花の香より前に鬢《びん》付け油の甘い匂いが春を運んできていたからだ。

今年もまた巨漢たちがママチャリを虐待しながら商店街やら駅前やらを行き交っているのかなあ、なんてちょっとノスタルジーに浸っていたら、ひらめいた。

そうだ、心技体を分析ベースにすればいいではないか！　と。

心は精神力や心理状態、技はスポーツだと技術だろうがひとまず知力と解釈して、残りは体力。この三つそれぞれを軸に分析すれば、モンガミオコという物体の座標値がわかるのではなかろうか。名案である。お相撲さん、ありがとう！

それに心技体は分析だけでなく、今後の計画づくりにも役立ちそうだ。体の計画、技（知）の計画、心の計画と分けてやったらスッキリする。

大変よろしい。

方針が決まったので、やれるところから手を付けていこう。

「体」の分析は比較的容易い。毎年きちんと健診を受けているから、数年分の客観的／科学的に数値化された内科的データはすでにある。今年度なんかは自費負担額をプラスしていつもよりちょっとリッチな健診を受けてみた。結果、特に問題はなかった。一つだけ赤文字があったけど誤差範囲なので医者の所見はなし。ＢＭＩなんてまだ20前後をキープしているし、血圧は正常、その他各数値も基準内。コレステロールにいたっては善玉が増え、悪玉が減った。あまつさえ背が五ミリも伸びていた。まだ物理で成長しているらしい。すげえな、私。そんなわけで今のところ生活習慣病などの心配はない。

脳には数年前に発見された動脈瘤のベビィがいて、年に一度は様子を見に行くことになっている。この際には必ずＣＴ検査をするので、検査費用はそれなりにかかるのだが、ついでに脳萎縮が起こっていないか、腫瘍ができていないかなんてところも診《み》てもらえる。脳ドックに入って数万円を支払うことを考えればずいぶんとお得だ。ベビィは今のところ大人しくしているようだし、このまま暴れん坊に育たなければなかなかの孝行者といえる。

次に体力。これはもう確実に落ちている実感はある。けれども、フレイルとまではいかない。フレイルは虚弱を意味する英語 Frailty を語源とする医学的概念で、一九九〇年代にアメリカで提唱された。年齢を重ねるに従い心身が衰えて生活機能障害を起こし、要介護になる一歩手前の状態を指す。つまり、健康状態と要介護状態の中間点だ。

日本では二〇一四年に日本老年医学会が統一訳語として「フレイル」を提唱、少しずつ一般でも使われるようになってきた。しかし、まだまだ耳慣れないと思う。

嚙み砕くと、常時介護が必要なほど弱ってはいないが、心身に顕著な不調があり、場合によっては日常生活に差し障る、という感じだろうか。腰が痛いからあんまり出歩きたくないとか、歯が弱っているから固いものは食べづらいとか。

ならば老年期衰弱とか、わかりやすい日本語に訳すこともできるだろうにまたややこしいカタカナ語を増やすのかよ、と思わないでもない。だが、フレイルは不可逆の衰弱ではなく、食い止めや回復が可能なので、誤解を招かないようにあえてカタカナ語にしたそうだ。また、身体的問題だけでなく精神的／心理的問題や社会的問題も含まれる新概念であるため、あえて直訳せずカタカナ語のまま流通させることにしたという事情もあるそうな。

でもわかりにくいよなあ、とは思う。こういう新語についていけるかいけないかもまた老いを測る目安になるのかもしれないのだが。

とにかく、普通に健康だった人が年をとるに従い心身の活力および経済力が落ち、ダークグレー・ライフになった状態がフレイルである。

そして、日本ではフレイルの判断基準として次の指標が使われている。

一．体重減少　六ヶ月で、二キログラム以上の（意図しない）体重減少
二．筋力低下　握力が男性で二八キログラム以下、女性で一八キログラム以下
三．疲労感　明確な理由なく（ここ二週間）疲労感がある
四．歩行速度　通常歩行速度が一・〇メートル／秒以下
五．身体活動　軽い体操／定期的な運動の回数が週に一度以下

このうち、三項目以上が該当するとフレイル、一乃至《ないし》二項目に該当するとプレフレイル（フレイル予備軍）、いずれも該当しなければ健常となるそうだ。

さっそく自分に当てはめて考えてみよう。

私の場合、一はむしろ望むところだが遺憾ながらまったく該当しない、二は二〇キログラムのハンドグリッパーを握れたのでたぶん大丈夫、三はあるある大いにある、四は全然大丈夫、五は

そもそも運動なんかするわけないだろう、という感じだ。

あれま、なんと二項目も当てはまってるじゃないの。

私はプレフレイルなの？　老人べビィどころか小学校入学前ぐらいまで進んでいる、と？　いやいやいや、さすがに慢性的な疲労と運動不足ぐらいだったら現代人なら誰でもあるんじゃない？　これで衰弱っていわれてもちょっとねえ、と思ったのでさらに調べてみた。

すると、健康長寿ネットというサイトで、フレイルチェックが簡単にできるシステムを見つけた。提供者は公益財団法人長寿科学振興財団なるイカつい名前の公的機関なのでひとまず信頼しよう。

システムは医学的知識がなくてもチェックできるように工夫されていて、簡易チェックと総合チェックの二種類が用意されている。簡易チェックの項目はQAのみの十一項目、総合チェックの方は実際に様々な測定をしながら自己確認していく方式になっている。

【フレイルの診断】
https://www.tyojyu.or.jp/net/byouki/frailty/shindan.html

また、サイト内には介護状態に陥る危険度を自動判定できるチェックアプリもある。

【介護予防のための生活機能チェック】
https://www.tyojyu.or.jp/net/check/index.html

これらのうち、簡易チェックと生活機能チェックをさっそくやってみたところ、幸いなことにというか、当たり前というか、「今のところ心配なし」との結果が出た。一安心である。ただ、チェックが無駄だったかというとまったくそんなことはない。むしろ、〝自分の現在地〟確認のために何を調べるべきかを知るよい参考資料になった。

どうやら、あと確認すべきは筋肉量と口腔環境のようだ。

この二点は老化を測るためのポイントになっていた。筋肉量は想像の範囲内だが、口腔環境が重視されているのは少々意外だった。

だが、よくよく考えれば食は体の基本。必要な栄養素を摂取するために口内が健康でなければならないのは当然なのだろう。

成人の歯は、親知らずも含めると三十二本ある。けれども、四十代ぐらいから抜ける人が出始め、六十代になると十本以上抜けた、なんてことになるのも珍しくないそうだ。

歯が抜けると食生活に不便が出るだけでなく、発音が不明瞭になったり容姿が変わったりして、社会生活に支障をきたすこともある。それがだんだんフレイルにつながっていく、ということらしい。また、咀嚼《そしゃく》や嚥下《えんげ》、滑らかな滑舌のためには口周りの筋力も必要だ。こちらもまた、衰えると悪影響が出る。

よって、身体的フレイルの中でも口腔環境については「オーラルフレイル」という概念が別枠で設けられている。ちなみにオーラル（oral）とは「口で行うこと」を意味する英語である。

次、筋肉量。

これには「サルコペニア（sarcopenia）」という概念があった。

またカタカナ語かよ。

調べたところ、加齢によって筋肉の量や機能が低下した状態を指す新語で、三十五年ほど前に提唱された概念なのだそうだ。

ちなみにサルコ（sarco-）はギリシャ語由来の造語要素で「肉」の意味を持ち、ペニア（penia）は不足・欠乏・減少を意味する接尾語なのだそうな。直訳すると「肉不足」。ん？ 原稿料入金前の我が食卓のことかな？

さらに「ロコモ」なる言葉も出てきた。ハワイ料理のロコモコなら好物だけど、きっとコが一つ足りないだけで全然違うものなんでしょうねと思いつつ資料を読み続けると案の定「ロコモティブ・シンドローム（locomotive syndrome）」なるものの略であることがわかった。この語には一応「運動器症候群」という和訳がある。うむ、日本語であっても内容がわからん代表例みたいな単語だ。

英語のロコモティブは名詞だと「足」、形容詞だと「移動のための／自力で動くことができる」などの意味を持つ。シンドロームは症候群、つまり複数症候の群発を意味する言葉なので、ワタシなりに理解すると「移動に必要な運動器官に複数の異常が現れた状態」ということになろうか。

ちなみにlocomotiveの名詞形であるlocomotionは「運動」や「移動」を意味するが、七十年代生まれの私にはカイリー・ミノーグの歌のタイトルとしてよく知られている。ただ、タイトルは「The Loco-Motion」、LocoとMotionの間にハイフンが入っている。これはLocoが〝気が狂ったような〟という意味なのにひっかけているのだそうだ。ロコモ調査で派生的に知った豆知識なので、みなさんにもシェアしますね。

ついでにもう一つ。サルコはスケートのサルコージャンプと関係あるの？　と思ったら、こっちは無関係だった。サルコーの綴りはSalchowで、最初にこの技を編み出したスウェーデン人選手の姓でした。残念。

閑話休題。

まとめると、ロコモとは移動に必要な骨筋力や神経系が衰え、歩行に支障をきたす症状が複数同時に発症している状態を指す。車椅子を使うほどではないが、腰やら膝やらが痛くて歩きづらいし歩く気も失せる状態、と思えばよろしかろう。

そんなわけで、〝体〟の現在地を調べようとしただけでフレイル、オーラルフレイル、サルコペニア、ロコモとカタカナ語が四つも出てきた。先が思いやられる。

みんな、もっと日本語使お？

老化とまじめに向き合うために

ここまで見てきたような運動能力や口腔環境は、一般的な健診では数値化されない。もちろん、日常生活の中で感じることはある。けれども数値化しなければ現在地の特定には役立たない。なぜなら衰えはある日気づいても、しばらく経てばその状態に慣れてしまうからだ。

私の場合だと、四五歳を過ぎた頃から、それまでいなかった皺《しわ》がある朝いきなりお顔に現れるという恐怖体験を繰り返すようになった。

「こんにちは！　私は今日からあなたのお顔に永住する皺美！　よろしくね」みたいな感じで私に断りもなくやって来ては居座る。拒否権はない。

老化による衰えは、このように突然ドカンと現れては腰を据えてしまう。お年寄りの手記などを読むと、これはもう間違いないようだ。けれども、あれだけショックだった皺美の登場がいつだったたか、正確な日付はすでに忘れてしまっている。悲しいことに、人は皺美にさえ慣れてしまうのだ。やはり数値化と記録は不可欠である。

身体フレイルカタカナ四天王のうち、オーラルフレイルは歯医者に行って歯科健診を受け、チェックすればいい。

問題はサルコペニアとロコモだ。

筋肉量や身体機能を測るなら、小学校でやった懐かしの体力測定のようなことをすればいいのだろうが、大人はどこでやればいいのだろう？　健診と違ってどこで何をやればいいのかすらわからない。なにせ生涯最後の体力測定は中三の時である。三十五年も前だ。飛んだり跳ねたりしたり走ったりした記憶はあるが、何のためにどういうことをやったかなんて欠片《かけら》も覚えていない。それにチューボー時代とアラフィフの今、同じ項目でいいのかすら不明である。

今回もまた、文明の利器、インターネットに頼るしかなかろう。

キーワードは「大人の体力測定」でいいとして、どんな結果が出てくるやらと思いつつググったところ、なんと文部科学省が「新体力テスト実施要項（20歳〜64歳対象）」なる資料を配布していた。厚生労働省ではなく文科省とはこれいかに、と思ったが、ホームページの記載によると次の通り。


文部科学省では、昭和39年以来、「体力・運動能力調査」を実施して、国民の体力・運動能力の現状を明らかにし、体育・スポーツ活動の指導と、行政上の基礎資料として広く活用しています。

平成11年度の体力・運動能力調査から導入した「新体力テスト」は、国民の体位の変化、スポーツ医・科学の進歩、高齢化の進展等を踏まえ、これまでのテストを全面的に見直して、現状に合ったものとしました。「新体力テスト」の理解が深まり、「新体力テスト」が有意義に活用され、ひいては21世紀の社会を生きる人々が心身ともに健康で活力ある社会を営んでいくことを期待いたします。

（『新体力テスト実施要項』より）

なるほど、体力測定はスポーツ領域だから管轄は文科省になるのか。でも大人なら厚労省マターの気がするけど、これも縦割り行政ってやつかねえなどと思いつつ発見した資料を見ると、内容は完全に体力テスト実施者向けだった。つまり、私のような個人が入手しても仕方ないやつ。

でも、いくつか明確になったことがあった。

まずはテスト項目だが、一．握力　二．上体起こし　三．長座体前屈　四．反復横とび　五．急歩または二〇メートルシャトルラン（往復持久走）　六．立ち幅とび　の六種があればOKらしい。資料にはこれらテストの実施方法や手順、さらには評価基準表と点数基準の体力年齢判定基準表もついていた。やろうと思えば、この資料にもとづいて自己測定できそうな充実具合である。

ま、やろうと思えば、だが。

見る限り、やはりある程度の道具や施設は必要なようだし、測定者や記録者もいないといけない。それらすべてを自分で揃えるのは、ちとハードルが高い。

総合評価基準表はAからEまでの五段階評価になっていて、Aが優秀、Eが「もっとがんばりましょう」なのはわかる。わかるが、それをどう生活に落とし込めばいいのかまではフォローされていない。成績だけ出てもその意味を読み解けないなら宝の持ち腐れだが、健診と同じくプロの手に委ねなければ難しいだろう。

やはり、体力テストをやってくれる機関なり施設なりを探した方がよさそうだ。

そんなわけでまたまたネット検索を駆使することになったのだが、これがなかなか大変だった。何が大変って、こちとら集中力が欠片もない人間なので、すぐに寄り道検索してしまい、最適解にたどり着くのが一苦労だったのだ。

集中力がないだあ？　そんなこと知るかボケ、って思いましたね。そうですよね。知ったこっちゃあないですよね。でもね、ほんとなかなか望みの情報にたどり着けなかったんですよ。健診と違って公的な制度が整っているわけではないから。

健診は、幼児期の母子保健法にはじまり、学齢期は学校保健安全法、成人以降は医療保険関係各法や労働安全衛生法、健康増進法などによって義務、あるいは努力義務とされている。つまり、国民皆健診制度ができあがっているのだ。

私のような自由業者／個人事業主でも何らかの健保に加入していれば確実にアクセスできる。また、健診を実施する医療機関ならどこでも毎日受けられる。料金は自治体や健保組合、はたまた健診の種別によって様々だが、それでも樋口一葉あるいは津田梅子一枚以下に収まらないことはまず、ない。無料で受けられる自治体もある。

しかし、体力テストは話が別だ。

そもそも体力テストは健診のように国民の健康増進目的ではなく、統計目的で行われるものであるらしい。根拠法令が統計法なのだ。調査目的は「国民の体力・運動能力の現状を明らかにするとともに、体育・スポーツの指導と行政上の基礎資料を得る」ことであって、一人ひとりの体力維持／向上のためではない。もちろん、政策に役立てられたら巡り巡って国民全体の体力維持／向上に寄与するわけだが、巡り巡らなければ私の体力維持／向上に直接関係することはない。

つまり、体力テストを自分に役立てたければ、自分でルートを開拓しなければならない。我田引水しなければいけないのだ。田んぼに水を引いてくるだけでも大変なのに、水源地を探さなきゃいけないなんて、もう一大事である。

とはいえ、これも仕事の一環と気を取り直して検索してみた。

すると、なにかのイベント――たとえば体育の日やスポーツイベントの出し物として単発で行われる体力テストの情報はいろいろ出てきた。しかし、すべて過去情報である。今後同じようなイベントが同時期に開催される可能性は高かろうが、情報をキャッチするためには常にアンテナを張り巡らせておかねばならず、そこそこハードルが高い。一期一会の突発テストでは今回の主旨に合わない。

また、民間のスポーツジムに体力テストを実施しているところはあった。けれど、当たり前ながら会員向けのテストである。体力テストのためだけに会員になる、っていうのもねえ……。なったところで、二、三回行けば通わなくなるのは火を見るより明らかだし。

他はというと、団体に対して「体力テストを企画してみませんか？　十名以上からならお受けしますよ」みたいな業者のＰＲばかりである。

違うの！　私が知りたいのは、個人がその気になった時にいつでも体力テスト〝だけ〟を受けられる場所の情報なの！　と叫ぶ心の声。この悲痛な響きはどこにも届かないのか？　と自らナレーションをしながら、手を変え品を変えひたすらググり続けた。

そしたら、あった。

個人が普通に予約して体力テスト〝だけ〟できる場所が。

どこに？

新横浜にある日産スタジアム内の施設に。

その名も横浜市スポーツ医科学センター。ホームページによるとこの施設は「運動、あるいはスポーツ活動と医科学とが相互に深い連携を図る事ができる特殊な機能を有している施設」で、「スポーツによる怪我や疾病に対する治療は勿論の事として、スポーツを通じての健康づくりや治療指導などを行」っているそうだ。

やっているのは横浜市から委託を受けた横浜市スポーツ協会である。横浜市スポーツ協会とは戦前にルーツがある公益財団法人であるらしい。

なんかちゃんとしてそう（雑な感想）。

また、医科学センターの名前は伊達じゃなく、ジムやプールなどの施設に主にスポーツ分野と関わりの深い診療科目に特化したクリニックを併設し、食餌療法や健康相談のプロも常駐しているらしい。

なんかちゃんと調べてくれそう（雑な感想アゲイン）。

しかも、体力テストだって単なる体力テストだけで終わらない。スポーツ版人間ドックＳＰＳ（スポーツ・プログラム・サービス）と銘打って、各種体力測定にプラスして医学的検査と運動負荷試験もしてくれるというではないか。今回の目的にドンピシャじゃないの。

ただし、お値段は少々張る。一万七千円なり（横浜市民は一万五千円）、なのだ（二〇二四年七月現在）。この価格を「あら、お安いわね」とにっこり払えるほどブルジョアではないが、検査項目やその他を勘案すると決して高いわけではない。むしろ一般的な人間ドックと比較したら安価といえよう。

ここはひとつ、スコアボードの上から飛び降りたつもりで受けることにしよう。だって、体力測定、やってみたいんだもの。

体力テストをやってみた結果

何十年ぶりの体力テスト。しかも単なる測定ではない。ＳＰＳはプチ人間ドックも兼ねているので、身体測定や採血、採尿、さらにはレントゲンや心電図、医師の診察まで含まれるのだ。学校時代、通常授業がなくなる行事が大好きだった私は、今回もなんとなく意気揚々と会場の日産スタジアムに向かった。

スタジアムの外縁通路からは、晴天に遠く映える富士山が光って見えた。なんとも縁起がよいではないか。体力テストに験担《げんかつ》ぎが必要かと問われると微妙だが、爽やかな気分になるのはよいことだ。

受付で手続きを済ませ、運動服に着替えたらいざ始まりである。指定された部屋には私以外七人の受検者がいた。みなさん私より年上のようだ。まあ平日朝八時半から体力テストを受けるなんてヒマ、普通の社会人にはないだろう。私だってこんなこと（つまり「老い方がわからない」の執筆）がなければ来なかったに違いない。

だが、受け終わった今、私は声を大にして言おう。

大きいお友達のみんな！　体力テストは一回やってみたほうがいいよ！　と。

なぜなら、ここで私は予想だにしていなかったコペルニクス的転回を迎えることになったからだ。大げさにいえば後半生が変わったのである。

いやあ、まさに驚きの結果だった。なにが驚いたって、子供の頃から頑なに信じ続けていた「私は体が超固い体力ゼロの運動音痴」は単なる思い込みだったと判明したのだ。

なんとなんと、私は同世代の中だと体力も運動能力もまあまあ優秀な方に入る、そうなんですよ。

結果のほぼすべてが年相応か年齢以下の水準。骨量も筋肉量もまったく問題なし。歩行能力にいたっては二十代同然だっていうじゃありませんか、あなた。まあ確かによく歩く方だけど、今回測ったのは持久力じゃなくて最大歩行速度、つまり歩く能力そのもので、これが二十代ってことは大変にすばらしいんだそう。フレイル基準のひとつに歩行速度があったのは覚えておいでのことと思う。それぐらい大事なのだ。

唯一ミソがついたのは足を前に伸ばしての前屈で、これは「八十代相当」と惨憺《さんたん》たる結果だった。しかし、両足裏をつけた状態で横に開脚しての前屈ならかなり曲がるので、柔軟性ではなく、下腿部の骨格の問題だろうということだった。つまり骨筋になんらかの異常があるだけで、体自体が極端に固いわけではなかったのだ。

びっくりである。

小学時代からずっと駄目だ駄目だと思っていた我が体力および運動能力、実はそれほどでもなかっただなんて。むしろ、今になってみれば同世代中上半分に入るなんて。目から鱗《うろこ》が落ちた。ボロボロ落ちた。足元にうず高くたまったほどだ。

だがつらつら過去を遡って考えてみると、鱗の出どころについては思い当たる節があった。小学一年生時のクラス担任教師（専門は体育）と我が母である。私の目に目一杯鱗を挿し込んだのは、この二人だ。彼らが「体が超固い体力ゼロの運動音痴」と私に刷り込んだのだ。

もちろん、故なしではない。確かに私は「体を思い通りに動かす能力」は低かった。これは運動に限ったことではない。楽器や道具の使い方も同じだ。こうやりなさい、と手本を見せられたとして、頭では理解できる。ただ理解した動きを体で再現する能力が著しく低いのである。何事も型の習得までにかなりの時間を要する。

また動体視力は眼科医が「こんなに悪い人も珍しい」と感心するほど悪い。おかげで最近趣味になったバードウォッチングでも苦労している。

なんにせよ、体を思い通りに動かすのが苦手な以上、ダンスや体操、球技などにはまったく向いていない。できないことはないが習熟に人一倍時間がかかる。ゆえに、時間が限られた体育の授業や習い事では成果を出すことができない。だから評価が低くなる。ただし、一度飲み込むと後は早い。けれども、できるようになった頃には授業はもう別の競技に入っている。

教師は体育の時間だけ、母親は通信簿の点数と習い事先での成果だけで判断する。そのため彼らは「この子はからっきし」と早々に評価を下してしまった。幼い私はそれを真に受け、「私は運動が苦手」と思い込んだ。だから運動を避けるようになり、やがて〝運動嫌い〟になっていった。特に競争や勝敗が伴う競技は大嫌い。体の動かし方が下手だから走るのは速くないし、動体視力最悪だからうまく投げたり取ったりできない。団体競技だと確実にチームの足を引っ張ってしまう。

けれども、今思うに、ペースを乱されない限り体を動かすこと自体は決して嫌いではなかった。

特にジャングルジムや雲梯は大好きだった。猿的運動ができる遊具が好みだったのだ。

体育の中なら水泳は比較的好きだった。フォームやタイムをうるさく言われさえしなければ、平泳ぎで延々泳いでいるのなんてむしろ歓迎だった。

猿的運動が好きだったのは、バランス感覚や反射神経は悪くないからだと思う。今回の体力テストでもバランス感覚は三十代相当だったし、反射神経も年相応と出た。

実は、バランス感覚については前々から密かに自負していた。反射神経だって、今回のテストでやったような光の点灯を確認してから飛び上がるタイプのものではなく、ふいに落下する物を摑むタイプの試験だったら相当いい結果が出たと思う。なにせ日常生活において物を落とすと、十中八九は途中で摑めてしまうのだ。危険を察知して飛び退いたりするのも速い。つまり、合図を確認するプロセス――「意識が体に命ずる」プロセスさえ嚙まなければ、体が驚異の反射神経を発揮するのは日常的に自覚している。

要するに私は、競技スポーツに関わらない限り、なんの問題もない人だったのだ。私が「体が超固い体力ゼロの運動音痴」と評価されたのは（ただしスポーツ教育の基準に則れば）というカッコつきの話だったのである。ある意味、超マイペース／超個人主義的な体力／運動能力といえよう。

なんということでしょう！「体」まで筋金入りのインディペンデンティストだっただなんて！

もうつくづく生まれついてのボッチ体質、というしかない。

しかし、これがわかったことで、私の老い方計画づくりはまったくフェーズが変わってしまった。思い込みのせいで、フレイルやロコモまっしぐらの未来しか想像していなかったからである。なんだったら五十代半ばでもうサルコばあちゃんモードに入るのではないかと恐れていたぐらいだ。

ところがどっこい、現状をキープする限り、私にそんな未来は訪れないのである。それどころか高齢者になってもシャキシャキ動けるかもしれないのだ。

なんということでしょう！（アゲイン）

前半生にわたってあれだけ劣等感に苛まれていたにもかかわらず、アラフィフモンガミオコは驚異の健康優良体力優秀児だった。この前提なら「体」の老い方プランニングが全然変わってくる。

テスト前、ぼんやりとだが我が後半生は「フレイルに陥るのをどれだけ遅らせられるか」勝負なのだと思っていた。だが今や「鍛えればまだまだいけるんじゃね？」に変わってしまったのだ。

すばらしい！

すばらしいが、これも正式な体力テストを受けてみたから判ったことだ。自己判断だけで進めていたら、まったく的はずれ——というか自分を不当に低く評価したプランニングをしていたことだろう。やはり計画作成には科学的データに基づいた客観評価が必要不可欠だったのだ。

ゆえに、最初に戻る。

大きいお友達のみんな！　体力テストは一回やってみたほうがいいよ！

今回、私が受けたのと同等の詳細なテストを提供する施設は限られることだろう。けれども前述の通り、体力テスト自体はスポーツ施設やスポーツ系イベントで受けることができる。単発イベントは春秋の大型連休期間に行われることが多いようだ。タウン紙や行政からの広報をチェックしたり、スポーツ施設に直接問い合わせてみるといいだろう。また、自治体のスポーツ振興課系部署に問い合わせるのもありだと思う。

どうにか探し出して、体力テストを受けて自分の「体」を数値的に客観視してみよう。私のようなビッグサプライズがあるかもしれない。子供の頃からの運痴だった人ほど、うれしい発見があるかもしれない。

逆も然り。特にかつてスポーツ・エリートだった人はかえって問題が見つかるかも。自分で思っているより骨量も筋肉量もヤバいかもしれませんよ？　やーいやーい、ざまあみろ！（完全に

私怨）

ともかく、今回、重い腰をあげて体力テストを受けたおかげで思わぬ教訓を得た。

何事にせよ思い込みは駄目、ってことである。

自分を一番知らないのは自分、ぐらいに心得て、自分の現在地を正確に測ってみる。

それが正しい方向に歩み出すための第一歩だ。勘違いしたままあさっての方を向いていたら残念な結果になるばかりだ。

たぶん、子供の頃に受けた雑なジャッジによって思い込まされた自己認識に振り回されている人って案外多いのではなかろうか。自己判断できる年齢になってから客観データを取ってみると、知らなかった自分が見えてくるかもしれない。苦手！　駄目！　無理！　と決め込んで敬遠していた道こそが、本当は己を活かす道だった、なんてことがあってもおかしくない。

もしかしたら、ここまでの人生で己を嵌め込んできた枷《かせ》から解き放たれるかもしれない。

老い準備の一環として、そんなワンチャンにかけてみるのも一興ではないか。駄目だったら駄目で今まで通りやればいいだけだし。

後半生に入る最初の地点で「現在地の再確認」をするのは、とっても大事だった。軌道修正できて本当によかった。体力テストを受ける決心をした私、スーパーＧＪである。

こういうわけで、心技体のうち、「体」は体力レベルでも健康レベルでも花丸の優等生と判明した。結構結構、おおいに結構。大満足である。よって〝体〟の自己教育はできる限り現状維持を目標にする。行程表には数年に一度の体力テストを入れておけばいいだろう。よし、これでひとつクリア、だ。

生活能力を再確認

次は「技」の現在地を明らかにしよう。

ならば問う、「技」とはいかなるぞ。

答う、其は社会生活を営むスキルと見つけたり。

重ねて問う、社会生活を営むスキルとは如何。

答う、すなわち読み書きソロバンに家庭技術と保健体育の知識を加えたもの也。

つまり、「技」とは自立した社会生活を滑らかに営むための知識と実践、と定義した上で話を進めていきたい。

幸いなことに我が国では何人《なんぴと》も義務教育において右記諸々を一通り学ぶことができる。ただし、身につくかつかないかは本人次第。私が義務教育を終えたのはもうかれこれ三十五年以上も前のことだ。普段使わない部分はすっかり忘れちゃっている……というか脳内に学んだ痕跡すら残っていない。

よって再び客観的資料に頼ることとする。ただし「読み書き」は省く。なんたって読み書きは我が商売道具である。改めて測定せずともそこそこのレベル以上でできている……はず。「ソロバン」は、今の世ではＩＴ技術を指すと考えるべきだろう。パチパチ珠を弾く代わりにキーボードやマウスを操ったり、指先でスワイプ＆タップしたりするのだ。こいつは学校の科目にはなかったが、社会人になってからがんばって覚えたのでそこそこできている、はずだ。たぶん。はず、とか、たぶん、とか曖昧《あいまい》な表現が多いのは、確固たる数値根拠のないまま感覚でものを言っているからである。でもここは開き直ろう。別にいいじゃん、これぐらい。とはいえ、心にひっかかるものも多少はあるので客観検証手段を探してみた。

まずは日本語の読み書き能力を測るため、「日本語検定」を受けた。これは名前そのまんま、日本語力を試すための検定試験で、対象は日本語を母語とする人。日本語を母語としない人向けの「日本語能力試験」とは別物である。主催は日本語検定委員会というＮＰＯ法人だが、文科省後援事業だそうなので一応しっかりした内容と考えてよさそうだ。

こちらを何の準備や勉強もしないまま、いきなり受検してみた。そうしたら、無事準一級に合格した。よかったよかった。一級を取れなかったのは漢字が書けなかったせいである。次は漢検でも受けようか？

一方、ソロバン、つまりＩＴ系技能の測定はこれという試験が思い浮かばない。もちろん、二十一世紀の現在、ＩＴ系の技能検定／技術試験は山ほどあるがそのほとんどは技術者向け。つまり職能を測るものであって、一般知識とはいえない。よって、もっと生活に近いところ——たとえばスマホやパソコンの利用力を測るものはないかと探したら、あった。

スマホの方は、Y! mobileが提供する「全国統一スマホデビュー検定」だ。一私企業が提供する無料のネット検定だが、一応東京都や文部科学省の推奨がついている。内容は主にセキュリティ方面の知識を問うもので、簡にして要を得ているようだ。

【全国統一スマホデビュー検定】
https://www.ymobile.jp/sp/sumaken/

スマホを使う上でもっとも大事なのがセキュリティに対する意識であることは間違いない。そして、大人になってからスマホを使い始めた世代のほうがかえって知識不足だったりする。大人だから大丈夫、なんて決して言えないのだ。

この検定はネット環境さえあればいつでも気軽に挑戦できるので、一度挑戦して自分のスマホセキュリティ知識レベルを測ってみてはどうだろうか。

ちなみに私はほぼ全問正解だった。えっへん。なぜ「ほぼ」かというと、問題文をよく読まずに、「間違い」を選ぶ設問で「正解」を選んだからである。学校の試験でよくやらかしていたのとまったく同じケアレスミスだ。三つ子の魂すぎる……。

次にパソコンスキル。こちらも本格的なのから占いレベルのお手軽なのまで、実に種々多様な検定が見つかった。検定ビジネスなんだろうなと感じるものもあった。ただ、中身がどうであれ〝今の実力〟を測るだけなら問題ないだろう。受検しないでも、過去問題集を手に入れて解いてみて自己採点すればいいのだから。目的はあくまで「自分の現在地の確認」だ。

なお「若い人ならともかく、老いていく一方の人間にＩＴの利用力なんて必要なのかしら？」と疑う向きに、これだけは申し上げておきたい。

ＩＴを避けて通っていたら、これからどんどん不便や不利が増すだけですよ、と。

デジタル・デバイド（digital divide）なる言葉を聞いたことはないだろうか。またもやカタカナ語だが、ＩＴを利用できる人とできない人との間で生じる格差のことを意味する。

例によって言葉の原義を探ると digital はもともと「指の／指状の／指で操作する」などを意味する英語だそうだ。ランダムハウス英和大辞典の用例では、digital technique of a pianist「ピアニストの指先のテクニック」、digital socks「指のついたソックス」などが出ていた。指のついたソックスとは足袋《たび》ソックスや五本指ソックスのことだろう。「デジタル」だけだと難しそうだが、足袋ソックスもその一種と思えばなんだか親しみがわくではないか。え？　わかない？　すみません。

では足袋ソックスとＩＴにはいかなる関係があるのか。結論から言うと、ほぼない。デジタルという言葉が重なるだけである。

ならばＩＴにおけるデジタルとはいかなるものか。

それは「データのあり方」だ。現在、主流の情報機器はすべてのデータをデジタル記号、つまり0と1、言い換えればオンとオフに分解して処理している。あたかも指を折って数えるように。反対語はアナログで、これはデータを連続した波長で表現する方式なのだが、波長とはなにか的な説明をしだすとややこしいので、ひとまずここまで。

次にデバイドだが、これは「分割する」や「分配する」のほか、「人を空間的に引き裂く」という意味を持つ。

つまり、デジタル・デバイドとは足袋ソックスを履くか履かないかで分かたれた世界、ではなく、情報テクノロジーの利用能力差によって人々の生活レベルが引き裂かれる状態を示している。そして、今現在これはもう日常的に発生し、日々拡大している。

たとえばテレビ。最近は「詳細は公式サイトでご確認ください」などと平気でアナウンスをする。視聴者がデジタル端末を使ってインターネットに接続できることを前提にした番組づくりだ。情報提供のやり方としては極めて不親切と言わざるをえない。インターネットへの接続環境がない人は置き去りになるからだ。二十年前にはあり得なかった。けれども、今は当たり前になっているし、クレームを入れたところで無視されるだけだろう。

民間だけでない。国もあらゆる情報をデジタル化しようとしている。マイナンバーカードはその代表例だ。あのカードは健康保険証と違い、カードに文字で記載されている以上のデータがICチップに格納されているし、ネット経由でさらに多種多様なデータと接続するようになっている。それらのデータは、スマホやパソコンがあれば随時利用できる。だが、なければたんなるプラカードだ。

つまり、ＩＴを敬遠すればするほど不便かつ不利な立場に捨て置かれるよう、国をあげて推進しているのである。健康保険証のようになんの問題もない制度を廃止してまで、ＩＴ化しようとしている。それならＩＴ端末とネット回線も無料配布しろよと思うのだが、そこは自己責任らしい。代用手段は用意されているが、大変不便な代物で、むしろデジタル・デバイドを悪用しているように私には思える。

つまり、自己のＩＴ化は「日本国民に課せられた義務」になりつつあるのだ。今後は「年寄りだからＩＴは苦手」なんて言ったところで「甘え」として切り捨てられるだけだろう。年齢が言い訳にならないわけだ。

特に現在の六〇歳以下は、仕事でデジタル機器を利用するのが当たり前になっている世代だ。オフィスワーカーはいわずもがな、最近では第一次産業から第三次産業まで等しくＩＴ化されつつある。避けて通れなくなっているのだ。

私自身はＩＴ化そのものに対してはなんの抵抗感もない。むしろ、ＩＴ／デジタル化する未来を夢見ていた方だ。子供の頃はもっぱらドラマやアニメなんかでかっこよくコンピューターを操っている人を見て憧れていた。砂の嵐に囲まれたバビルの塔がコンピューターに守られているのってカッケーッと思っていたし、エンタープライズ号のコックピットでオペレーターがキーボードをカチャカチャする姿には猛烈にあこがれたものだった。「攻殻機動隊」のオペレーターレベルになるとちょっと気持ち悪いのだが。そういえば、「SF西遊記スタージンガー」のサー・ジョーゴが使っていた電卓サイズの何かって、今のスマホみたいなものですよね。あの時代にスマホの到来を予言していたなんてすごすぎる。あ、なんのことかわからない方、わからなくてもミリも問題ないので捨て置いてください。

とにかく、そういう育ちだったせいか、就職してパソコン操作が必須になった時も抵抗感なく、むしろ進んで習得したものだった。

現時点では、七十代や八十代のお年寄りが「コンピューターなんてちょっと触ったら爆発する危険物」ぐらいに感じてもおかしくはない。なにせそんなものは身近になかったのだから。だが、少なくとも団塊ジュニア以降は「年寄りだから」は言い訳として通用しなくなる。また、少し前までは社会のデジタル化への抵抗はある種の主義主張になりえた。だが、今後は単なる時代錯誤あるいは努力不足としかみなされないだろう。

やりづらい世の中である。だが、人類の歴史は変化の歴史だ。昔は何世代もかけて馴染んでいった社会の変化が、今は一人の一生の中で何度も起こる。人間が常に時代の子である限り、これはもう抗《あらが》いようがない。

デジタルを拒否し、不便不利に甘んずるか。

デジタルを受け入れ、利便性を享受するか。

正解も誤りもない、単純なる選択の問題だ。納得ずくなら前者を選んでもよいと思う。

だが、私自身は新しい技術についていけるところまでついていきたい。生まれついての新奇珍奇好きとして、変化をおもしろがっていたい。

そして立派な「コンピューターおばあちゃん」になっていきたいのだ。

最後まで人生に退屈しないために。

ネットの海で溺れないために

しかし、立派なコンピューターおばあちゃんになれたところで、技術だけでは危ないのが昨今のデジタル社会である。

インターネットとの正しい付き合い方をわきまえておかねばならない。

私が大変尊敬している草薙素子《くさなぎもとこ》という女性は「ネットは広大だわ」と言い残して姿を消したが、その言葉の通り、見えざるサイバー空間には尽きせぬ情報が転がっている。日々累積していくそれらの中には宝もあればクソもある。罠すらある。

スキルなき者が徒手空拳のままネットの海に飛び込むとどうなるか。たちまち悪しき者のターゲットになり、ある者は餌食として食い散らかされ、ある者は洗脳の末に生き餌として飼い殺しにされるだろう。そこは魑魅魍魎が跋扈《ばっこ》するフロンティアなのだ。

だが、リテラシー――精度の高い情報を得るためのちょっとしたコツや、騙されないための前知識などがあれば、これほどおもしろい場所もない。情報の選択眼や危険察知能力を養っておくと、フロンティアはエル・ドラドになる。いまや検索スキルは社会の波に乗るための必須科目といっていいだろう。

よって、検索スキルのレベルを測る検定も存在している。「検索技術者検定」だ。主催者は一般社団法人情報科学技術協会で、「企業、大学、組織等において、研究開発やマーケティング、企画等のビジネスで必要とされる信頼性の高い情報を入手して活用できる専門家を育成すること」を目的にしているそうだ。ランクは一級から三級まであるが、読み書きソロバンレベルだと情報調査のリテラシー能力を測る三級に相当する知識があれば十分かな、と思った。

逆に言うと、ネット社会を安全に生きるためには少なくとも三級レベルの知識はあったほうがいい。「検索技術者検定」の公式サイトには三級の試験問題を体験できるページが用意されているので、腕試しがてらやってみると「検索技術」とはどんなものを指すのかが理解できると思う。

ちなみに私は一回目で合格ラインをクリアした。えっへんえっへん。

読み書きソロバン部分のチェック方法は以上である。

時代が変わって道具はアナログからデジタルへと移り変わっているが、「生きるための技術」が必要なのは今も昔も変わりない。ただ、近代以降のテクノロジーは、人ひとりの一生程度の時間単位で長足の進歩を遂げてしまう。これについていくのは、なかなか骨だ。二十世紀なら「ついていかない」選択もありだったろう。だが、今の日本政府は〝ついていけない者〟を切り捨てる政策を平気の平左で推進する。自国をこんな国家にしたのは他ならぬ私たち自身だ。そういう投票行動を繰り返してきたのだから。つまり、嫌でも無理でもＩＴ化についていくしかないのである。

私自身は、今のところどうにかこうにかＩＴ化の尻尾を掴み続けてはいる。だが、いつするりと抜けるかわからない。

老いを前にして、大きな不安要素のひとつだ。

よって、自己教育の計画に「できるだけ新しい技術にトライする」を入れておきたい。好奇心を失わず、挑戦心を忘れずに。

若い人、あるいは今はまだ老いを感じない人たちは「そんなもんかね～」と鼻をほじりながら高みの見物を決め込むかもしれない。だが、彼らだっていずれ時代に置いていかれる日が来る。テクノロジーの進化が日進月歩から秒進分歩へと加速している現代、今の若い人の方が〝ついていけなくなる時期〟がより早くやってくるかもしれない。若いうちからついていけなくなるのはけっこうキツいはずだ。

ＩＴ化自体は、ハルマゲドンでも起こらぬ限り、もう後戻りすることはないだろう。だが、今のような進め方で本当によいのか、一人ひとりが我が事としてしっかり考えていかなければならないと真剣に思っている。

自立した老人に、俺はなる！

次は日常生活の知識を確認しておこう。

目的は生活全般をできるだけ自力で行える体制を整えること、だ。

今後、ろくすっぽお金が貯まらないまま年金生活が始まるとしたら（そしてその蓋然性は極めて高い）、私はものすごく切り詰めた生活をしなければならないおばあちゃんになる。おそらく、自分でできることはできる限り自分でしなければ家計がもたないだろう。

掃除洗濯お料理はもちろん、家具や家設備のちょっとした修理ぐらいは自分でできるようにしておくに越したことはない。

つまり、学校で勉強した技術家庭科領域の知識が必須なのだ。

今なおこの言葉が残っているかは知らないが、私が中学生だった頃、技術家庭と保健体育は音楽美術などとともに「副教科」と呼ばれていた。ニュアンスから伝わるように、科目として軽んじられていた。

だが、私はこう主張する。

生活者として自立するために必要なのは、むしろこちらである、と。

読み書きソロバンは主にまともな社会人になるためのものだ。英語や理科社会の知識は現代人としての常識であるとともに、よき丁稚になるためのもの。なければないで生きていけないこともない。

だが、人間には等しく「私生活」がある。これは逃れようがない。その逃れられない生活を豊かで自立したものにするのに必要なのが、副教科領域の学習内容だ。

昔々あるところにいたモンガミオコという生徒は、気の乗らない授業だと先生の話も聞かず、こっそり国語か副教科系の教科書を盗み読みしていた。おかげで理数の成績は惨憺たるもの。特に数学。五〇点満点のテストで三点なんて、普通は取れやしない。もういっそ零点の方が潔いってものだが、当時の私は「でも百点満点のテストだとしたら六点だし！」など、まったく意味のない換算をして己を慰めていた。端的に言って阿呆である。だが、国語の成績は良かった。読書百遍意自ずから通ず、は本当なのだ。

こうして教科書をただひたすら繰り返し読むことで得た知識が今の暮らしを支えている。食品の栄養や衛生知識なんかはその筆頭格だ。

でも、かなり忘れている自覚もある。そこで改めて副教科系の実力を測ってみることにした。手段は簡単。中学校の技術家庭と保健体育の問題集を解く。それだけだ。問題集は書店にて一冊千円前後で購入できる。

そんなわけで、問題集をやりはじめたのだが……。いやはや、これが思った以上に有効だった。生活知識の偏りおよび昭和の教育の問題点がばっちり浮かび上がってきたのだ。もちろん、老いに向けてやるべき生活能力リスキリングの課題も。

問題集の解答成績は概ね悪くはなかった。たぶん、生活者としては問題なさそうだ。けれど、今まで見えていなかった落とし穴を発見した。

技術科領域に、顕著な知識不足が見られたのだ。家庭科、つまり家事や育児の知識は全領域で八〇点以上が取れたし百点も稀ではなかった。一方、技術科はＩＴ系の技術知識以外では六〇点前後が続出。中でも作物栽培の知識は惨憺たるもので、五〇点以上取れたページが皆無だったのだ。予想以上のポンコツぶりだった。うちで育てられている植物たち、可哀想過ぎる。

だが、この差はまったく予想できないものではなかった。

なぜなら、私たち世代の女子は、技術・家庭科のうち履習は家庭科が主だったからだ。男子は逆。技術科が主だった。共修になったのは一九九〇年度なので、今の四十代半ば以上はみな私と同じ状態のはずだ。

当時の教育関係者は、まさかこれが後の禍根になるとは思わなかっただろう。

なんの禍根だって？

男女の寿命差だ。家庭科教育を受けられなかったのが、男性の平均寿命を女性より有意に低くしている一因になっているんじゃあないか、という気がするのだ。

なんだよ、その風が吹けば桶屋が儲かる的な話は、と思われたかもしれない。だが、的はずれではないと私は確信……とまではいかずとも、まあまあ当たっているはずと睨んでいる。

というのも、前著『死に方がわからない』を書いていた時にしみじみ思ったのだ。

平均寿命、女の方が長いのって当然だよなあ、と。

日本では……いや、世界的に見ても総じて女性より男性の方が早死する傾向がある。

そうなる理由は複数あげられているが、生物学的には女性が女性ホルモンの一種であるエストロゲンによって高血圧や動脈硬化などの心疾患から守られているから、と理由付けられる。

だが、女性でも閉経後はエストロゲンが減少する。つまり、更年期に入れば性由来の生物的ボーナスは失せてなくなるわけだ。であるからには、歳を重ねれば重ねるほど差が縮んでいかなくてはおかしい。

しかし、現実は逆だ。データでは、高齢者人口における女性の割合が有意に高く、しかも年齢が高くなればなるほど差は広がる。

周囲を見渡したって、夫婦の場合なら妻が残る場合が多い。夫が年上であるケースが多いのを考慮に入れても、妻は年の差を超えて長生きする。「お前百までわしゃ九九まで」どころか「お前八〇までわしゃ九九まで」なのだ。

エストロゲンの恩恵が無くなったところで、女性の方が長生きする。ならば、生物学的理由以外の要因がより強く影響していると考える方が自然というもの。

では、「それ以外の要因」とはなにか。

答えは一つ。

生活に必要な一般知識の有無だ。

心身を健やかに保つ生活技術や知識を知っているかどうかが、命運を分けているのである。今の若い人たちはそうでもないようだが、少なくとも私と同世代より上の男性たちは家事やセルフケアを免除されて生きてきた。その部分は母や妻、時には娘に頼りっぱなしで生きてこられたのだ。もちろん、個々を見れば例外はあろうが、大方がそうであるのは誰も否定できないだろう。

たとえば、亡父は台所のガスコンロの点火方法すら知らなかった。昔ながらのつまみを押して捻るタイプなら使えるが、平成以降に普及したボタン式は駄目。つまり、少なくとも十年以上は一度も使ったことがなかったのだ。母の留守中にカップ麺を食べようとしてお湯を沸かせず、薬缶片手に呆然とコンロの前に佇んでいたあの姿は忘れられない。他も推して知るべし。一事が万事で、父は家事能力ゼロのまま一生を終えた。

おそらく、彼と同じような男性は少なくなかろう。

家事能力ゼロは、セルフケア能力ゼロとほぼイコールである。

なぜなら家事とは生活の質を一定に保つ技術だからだ。

支障のない日常生活を送るには、必要最低限のラインとして自宅環境を安全かつ清潔に保つ必要がある。だが、その必要最低限ができない高齢男性がいかに多いことか。

今、世に数多《あまた》あるお元気御長寿本の著者はほとんどが女性であるわけだが、彼女たちは立派にひとり暮らしをしている。ところが、稀にいる男性著者の場合、だいたい家族と同居している。自立できないのだ。

自立の仕方がわからないから。

お世話してもらうのが当たり前と本人も思っているから。

しかし、男性はアプリオリに家事能力がない、というわけでもなかろう。やっている人はきちんとやっている。結局のところ、やり方を知らないから、というのが大きいはずだ。

もし、彼らがきちんとした家庭科教育を受けていたら、きっと事態はもう少し変わっただろう。「性別による役割分担」なんてのはカップルで生きることを前提にした話であって、独り者にはアダになるだけだ。婚姻を前提にジェンダー分けしていた過去の学校教育なんてクソだったのである。是正されたこと、まことにめでたい。

「いや、学校教育関係なくね？　習ったことなんかどうせ全部忘れるじゃん？」みたいな反論もあるだろう。

だが、私はやっぱり学校教育はおおいに関係すると思う。

なにか証拠があるのか、って？

ある。

というわけで、ここで話が最初に戻る。

今回ドリルをやってみて、技術科の点数が家庭科より明らかに低かったのは前述した通り。だが、その技術科の中でも明らかな差があった。木工関係はそこその点数を取れたのだ。

実は、私が通っていた中学はいわゆる教育実験校だった。そのため、女子も技術科の授業を受ける機会があったのだ。そして、私が受けた授業は木製棚の制作だった。たぶん、この時に基礎的な木工知識を学んだのだろう。だろう、とか言うぐらいだから授業内容の記憶はほとんど残っていないのだが、それでも学習効果自体は残存していたから今回の結果に繋がったと推測できる。

同じことは家庭科領域でもいえる。私は子がいないし、弟妹もいないので、子育てらしい子育てをしたことはない。それでも育児関係の設問の八割方は正解できた。

学校教育、特に義務教育で学んだことは、おそらく自分で思っている以上に血肉になっているのだ。

九〇年以降に義務教育を受けた男女は幸いである、高きQOLは彼らのものである。

それを活かすためにも、社会人になったらとっとと家を出て独立して生活スキルに磨きをかけ、結婚後も性別問わず続けるのが得策だ。間違っても誰かに頼りっきりではいけない。また、本人のためにも頼らせてはいけない。

では、八九年以前に義務教育を終えた子羊たちはどうすればいいのか。天の国の扉は閉ざされているのだろうか。

いや、そんなことはないはずだ。

神様だって言っている。

狭き門より入れ、と。

とはいえ、ただ祈ったところで神様は何も教えてなんかくれない。

結局、生活人としての己の欠損を自覚し、自習するしかない。

しかし、ただ学べ習え、と言われても何から手を出せばいいかわからないだろう。

そこでドリル、なんですよ。知識の欠落箇所を自己チェックするのに、これほど簡便な手段はない。実際やってみた私が言うんだから保証付きだ。

それに利点はもう一つあった。

今どきの学習過程は、私たちのようなロートルにとっては目新しい情報が満載なのだ。

たとえば家庭科だとバリアフリーやユニバーサルデザインといった概念が紹介されているし、クーリングオフ制度やフェアトレードなど消費者として知っておくべき情報も盛り込まれている。技術科にはＩＴ技術の基礎知識から情報化社会の新技術への言及もある。近ごろ流行りのＳＤＧｓ――持続可能な開発目標（Sustainable Development Goals）だってバッチリだ。一読すれば単なるスローライフ推奨運動ではなく、人類活動への広範にわたる政治的提言であることがたちどころに理解できるだろう。本来のＳＤＧｓはゆるふわマーケ用語ではないのである。

また、昔から存在していた分野も、新知識に更新できる。

身近なところだと洗濯表示なんかが好例だ。昭和世代は日本工業規格（JIS L 0217）で定められた洗濯表示で長らく生きてきたが、これが平成二八年（二〇一六）十二月から新しい洗濯表示

（JIS L 0001）に変わった。

今回、ドリルをやって新知識を得たおかげで、表示を見ても「なんだこりゃ？」だった日々に終止符を打つことが出来た。ネットで調べればいいのだろうが、それもなんだか面倒でやってなかったのだ。でも、ようやく知識をアップデートできた。そして、気づくことができた。お気に入りのワンピース、買ってからずっと間違った洗い方をしていたことに。なんというか、ほんますまんかった、ワンピース。

保健体育の知識も同様だ。

体育に関しては今後のスポーツ観戦に役立つかなあ程度だったが、保健領域はＱＯＬの維持に欠かせない知識が数多く載っていた。疾病の発生要因やストレスの健康への影響、制御された食生活や運動・休養の重要性といった自己管理に役立つものから、医薬品の正しい使い方や自然災害への対処方法といった後半人生で必ず持っておかねばならない知識まで網羅されていた。

みんな大好き性教育についても、おしべとめしべ的なところはともかく、「異性の尊重と性情報への対処」なんて単元は今の中高年こそもう一度しっかり確認しておくべきだと強く思った。本当に思った。

そういうわけで、中学副教科系ドリルを一通りやったことで、私の生活者としての実力を表す散布図のようなものを脳内にセットすることができた。

できることとできないこと、あるいは知識のある分野とない分野を明確にして、自覚する。

後半生のプランニングをするにおいて、この作業は想像以上に重要だ。

特に、私のようにカツカツの老後生活が確実な者にとっては。

ほとんどの人は、老いるに従い収入が減っていく。

だが、もし「自分でできること」が少なければ、外注せざるを得なくなる。それはつまり、生活コストが余計にかかる、ということだ。

また、知識がないせいでQOLに甚だしい影響が出ることもあるだろう。

たとえば、心疾患にかかったとして、基礎的な栄養知識がなければ、病気を悪化させないための食生活を送ることすらできない。

そのあたりの管理は、専門家に外注すれば知識ゼロでもなんとかなるかもしれない。だけど、それにはお金がかかる。金がなければ自分でやるしかない。できなければ死ぬまで不快な日々が続くだけだ。それでもいいっていう人は好きにすればよかろうが、私は嫌だ。

なので、今回わかったことをベースにして、後半生の〝技〟計画を立てていく。

さあ、どこから手を付けようか。まずは作物栽培を学ぶあたりからかしら。これができれば将来食料危機が起きた時にいいかもしれないし。このご時世、なにがあるかわかりませんからね。

今からでもやれること／できることを増やしておくにこしたことはない。

プランニング大好きな私には、こんなのをあれこれ計画するのも亦た楽しからずや、なのだ（ただし、実行するとは言っていない）。

社会人として、まともに生きるために

そんなこんなで生活人としての私のチェックは終了した。

次は社会人として、ちゃんとしているかのチェックである。

まず「社会人」とはなにか、というところだが、今は「法による支配を受け入れ、社会の一員として何らかの役割を果たしている成人」と定義しておきたい。そして、これらの知識は学校教育の「公民」の授業で提供される。

だがしかし。

公民の授業って、社会科の他の分野に比べるとなんだか影が薄い、気がする。私が歴史の授業を偏愛していたせいかもしれないが、地理や歴史の授業が中学入学時から始まるのに対し、公民は中三になって初めて登場するのも一つの理由だろう。

けれど、学習内容には法と人権、政治体制、経済の仕組み、国際問題など現代社会に生きるための土台となる知識が含まれる。どれ一つ、まともな社会人ならば「知らない」ではすまされない。

しかし、SNSを見ていると、たまに「あなた、本当にオトナ?」と聞きたくなるぐらい、基礎的なところが抜け落ちている人を見かける。法治や人権など、立憲民主主義社会を成立させる

のに不可欠な理念、国際社会にコミットする意義などへの根本的な無理解がまかり通っている。

これはとってもまずいし、こわい。

私は死ぬまで平和な民主主義国家で穏やかな暮らしを謳歌したい。

独裁国家も管理国家も覇権主義国家もまっぴらごめんである。

経済だってそう。日本経済は斜陽になって久しく、一億総中流なんてもう夢また夢の世界だ。それでも最貧困国ではないのも確かで、ならばせめてこのラインだけは未来永劫守りたい。

けれど、二十一世紀になって、なんだか世界がおかしなことになってきている。この先どうなるかまったくわからない。一九四五年の夏がもう一度、なんてこともあるのかもしれない。

だからこそ、今一度、立憲民主主義国家に生きる人間が最低限持っておくべき知識を確認しておこうと思ったのだ。

で、半日ほどかけてドリルをやった結果、ほぼ全問解答できた。若干怪しかったのは国連の諸機関の略称で、WHOやUNICEFなんかは大丈夫だったけど、FAOとかITUなんかは「そんなのありました?」レベルだったせいで、私の中にいる中学生に「オトナのくせにそんなことも知らないの?」と鼻で笑われる始末だった。

社会人として大いに反省した。

反省、した。

……よし、反省したからこれでよし。

これでもまあ忙しいオトナなので、さすがにテスト前の学生のようにカードをペラペラめくりながら暗記するわけにもいかない。

でも、「私は公民分野では、国際公的機関に弱いんだ」という自覚ができたので、今後ニュースなどを見聞きする際に他よりしっかり聞くようにできる。同時に「わたしのかんがえ」が狭く不十分なものであろうと、予め用心しておける。

自分の弱点を自覚する。

これが「自分の現在地確認作業」最大の目的だった。なので、オールオッケーだ。

ざっくりまとめると、「技」は概ね平均点をクリア、木工以外の技術科分野の知識と国際機関の略称記憶に弱点あり、という結果だった。まあそれほど悪くない、かな？

これにて「技」のチェックはミッション・コンプリート。

認知、ちゃんとしてる？

心技体のうち、残すは「心」。

モンガミオコの頭脳と精神は、今現在どの程度のものなのか確認していかなければならない。

では、どこから始めるかというと、やっぱり認知機能だろう。老いていく上でもっとも心配なのがこの部分だからだ。

にんちーきのう【認知機能】

視覚や聴覚などによって外部から得られた情報をもとにして、周囲の物事や自分の状態を正しく把握し、適切に行動するための、脳の高度な機能。記憶・思考・判断・理解・計算・学習・言語といった知的機能の総称。（小学館『デジタル大辞泉』より）

この定義によると、認知には三つの段階があるらしい。

一つ目が「外部から情報を得る」こと、つまり入力機能。

二つ目が「得た情報を元に状態を正しく把握する」こと、つまり情報処理機能。

三つ目が「把握した状態に対し適切に行動する」こと、つまり制御および出力機能。

昔は「老人ボケ」や「痴呆」などと呼ばれていた症状が今は「認知症」と呼ばれるようになったのは、患者はボケたのではなく、三つの認知機能のいずれか、あるいは全般に問題が生じているだけと考えられるようになったためだ。私も最初は「ボケとか痴呆とかは語感が悪いから、穏当に言い換えただけでしょ？」と思っていたが、そういうわけでもないらしい。

認知症は現在進行形で研究がどんどん重ねられている病であり、知見も刻一刻と上書きされている。現時点での定義は「なんらかの病気や外傷などが原因になって認知機能が低下し、生活全般に支障や困難が発生する状態」とするのが妥当だろう。

認知症になる原因は加齢に限らず、種類もいくつかある。

一般的によく知られるアルツハイマー型や最近よく聞くようになったレビー小体型は「神経変性疾患」と呼ばれている。「神経変性疾患」は読んで字の如しで、脳や脊髄の神経細胞が変性し、正常な細胞が徐々に失われることで発生する障害全般を指す。グループの仲間にはパーキンソン病や筋萎縮性側索硬化症がいる。

発症のメカニズムは、まだ全容が解明されたわけではないそうだが、現在わかっている範囲だと、神経細胞内に特殊なタンパク質が異常に凝集し、度を超えて蓄積すると発症の引き金になる。凝集する過程で、原因となるタンパク質が毒性を持ったり、正常な細胞の機能をじゃましたりしはじめた結果、神経細胞が死んでしまい、脳が萎縮したり、神経伝達がうまくいかなくなるのではないかと、いうのが定説だそうだ。悪貨は良貨を駆逐する、みたいな？　なんにせよ、悪い奴らが徒党を組むとロクなことにならないのは人間社会も体内も同じだ。

次によく聞くのが脳血管性認知症。脳梗塞や脳出血などが原因で脳の血管に障害が発生して出血、あるいは血が行き渡らなくなり、神経細胞が破壊されることで起こる。私の場合、脳に動脈瘤のベビィを抱えているので、こっちの方をより強く警戒している。

脳卒中だと、後遺症としては身体麻痺や言語障害などがまず思い浮かぶが、認知に問題が残るケースも少なくない。私は近年、そのケースを間近で見ることがあり、怖さを実感した。なにが怖いって、脳血管障害が一旦発症すれば、前触れ無くいきなり認知症状も出てしまうのだ。つまり、心の準備をする間もなく認知症と付き合わねばならなくなる。これは本人にとっても、周囲の人間にとってもヘビィだ。よくなる可能性はあるが、私のようなボッチ人間にはたとえ一過性でも怖い。回復までの間、困りごとがてんこ盛りになるのは目に見えているからだ。

みなさん、本当に高血圧には気をつけましょうね。侮ると大変なことになります。

他にも頭を打ったことが原因で脳に血が溜まることで認知症が発症する外傷性、脳腫瘍や正常圧水頭症、感染症、内分泌や代謝の異常、さらには私なんぞかなり危ないアルコール性認知症などなど、バリエーションが豊かすぎる。嫌がらせとしか思えない。

想像してほしい。

中高年を過ぎたら、ありとあらゆる方向から認知症リスクが攻めてくる。

つまり、四面どころか十面から楚歌が聞こえてくるわけだ。

絶体絶命である。

怖や怖やと身を震わせつつ、覚悟を決めて認知症チェックをした。

手段はまたもやネット上の簡易チェックだ。

今回は、東京都福祉局が提供する自己チェックリストを利用した。

【とうきょう認知症ナビ】

https://www.fukushi.metro.tokyo.lg.jp/zaishien/ninchishou_navi/checklist/index.html

結果、点数は一五点。二〇点以上がイエローゾーンらしいので、ひとまずは安心である。けれど、「認知」の問題は、単に認知症の心配だけで終わらない。

自分の「認知」が時代にあわせてきちんとアップデートされているかも問題なのだ。「認知」ってやつは実に厄介で、三つの機能がそれぞれまともでも、途中のどこかに変なフィルターがあったら処理や出力に多大な影響が出る。その影響がつまり「偏見」と呼ばれるわけだが、偏見から逃れられる人間は百パーセントいない。誰だって時代の子、地域の子である以上、環境からもたらされる無意識のバイアスを避けることはできないからだ。

私は昭和から令和の三時代、西暦では二十世紀から二十一世紀を跨いだわけだが、今振り返ると昭和の子供として変なフィルターをいっぱいインストールされていたのを実感する。

たとえば、子供の頃よく聞いた「女の子は小学生までは優秀だが、中学以降は男の子が急激に伸びてすべての能力で上回る」なる説。幼いミオコちゃんはそんなもんか、と特に疑問を持つこともなく聞いていたが、今思えば単なる男女差別に基づく偏見だ。迷信と断じてよい。

事実は、今より男女差別が著しかった社会において、男性は中学で伸びなくても高校、高校で伸びなくても大学、大学で目が出なくても社会人になれば、と常に時間的猶予をもらえていただけだ。すべての段階において伸びなくても、期待値は自動的に引き上げられていた。

でも、幼いミオコちゃんはそれが何の根拠もない「偏見」であることに気付けなかった。「みんなそう言っていた」から。

こうした傾向は平成になっても続く。就職時には人事担当の男性から「女性は、男性より優秀な人を選抜して採用しましたよ！」などとドヤ顔で言われたものだった。彼にしてみればリップサービスのつもりだったのだろう。けれどもそれは同じ能力なら無条件で男性が優先されることを意味している。しかも彼らは「伸びる」タイミングを「入社後」や、ともすれば「入社後数年」まで待ってもらえる。そして、当時は「入社後数年」もすれば同期女性は職場を去るのが普通だった。必然的に男性だけが残り、ライバルが減って昇進しやすい環境が整うわけだが、それを「男子だから伸びた」と認定してもらえたのである。

これが差別でなくてなんなのか。

けれども、あの時の人事担当者の笑顔を思い浮かべると、彼にはなんの罪悪感もなかっただろうし、ましてや差別であるなんて思いもよらなかったはずだ。そして私も、その言葉に違和感を覚えながらも、そのまま聞き流していた。ただ、幸いなことに「何かおかしなことを言われた気がする」と記憶に留める程度にはミオコちゃんもアップデートされていたらしい。何がおかしいのかを言語化するには至っていなかったけれども。さらにその後、自分の認識のおかしさをチェックしていく機会を得た。

たとえば、一緒に仕事をしていた人が産休育休に入った経験は、私にはとても勉強になった。彼女は産休から育休を経て育児短時間勤務で働く状況が、お子さんが小学校に入学するまで続いた。最初は、彼女の時間制限のために仕事の流れがたびたび滞る状況にとまどいを感じた。また独身子無しにフォローのすべてが振られることにいらだちを覚えたこともあった。

けれども、一年ぐらいした時にふと憑き物が落ちた。人間、まったく異なる二つのことを従前のパフォーマンスで同時にできるなんてありえないんだから、それができない彼女にいらだつ自分の方がおかしかったのだ、と気づいたのだ。今の彼女が諸々できないのは当たり前だし、そもそも、そのフォローをするのは彼女のためではなく自分のためなんじゃん、と。

仕事は自分が食べるためにやっているんだから、スムーズに運ぶよう努めるのは自分のため。なんで他人のフォローしなきゃいけないの？　って、それは情けは人の為ならずであって、陰徳を積むのは自分のため。

ま、それ以前に、自分だって親の介護での時短が視野に入ってくるお年頃だし、そもそも独り者なんて自分自身がやばくなったら周囲の絶大なる援助に頼らざるを得ない。今の協力はペイ・フォワード、つまり前払いである。

彼女が産んでくれた次世代を支えるのは、未来の老人たる自分のため。下り坂を止められなかった世代として贖罪の気持ちもある。

ただ、この境地にたどり着いたのは自分ひとりの力ではない。いろんな本を読んだり、いろんな人の話を聞いたりして、認知フィルターをアップデートさせていったおかげだ。

こうしたことが重なったおかげで、今のところ私はなんとか時代から振り落とされないでいる。でも、この先どこまでついていけるかわからない。

もし、認知フィルターがアップデートされなくなったらどうなるか。

「老害」になる。

老害とはなにか。

それは、認知を時代や状況に適合させられない人、だ。

老いていくに従い、人はどこかでフィルターのアップデートを止めてしまう傾向があるのは確かだ。なぜなら、フィルターのアップデートはそこそこエネルギーを使うから。人間っていうのは、本質的に「できるだけエネルギーは使わず楽したい」と思うように出来ている。努力ができるのは、努力に報いるだけのご褒美がある場合か、努力を他者に強いられ続けたことで奴隷のごとく無気力になっている場合のどちらかである。

最近は「老害で何が悪い」と開き直る人々も出てきているが、それは社会の有力者だったり著名人だったりするからできることだ。

私のような名も寄る辺もなき浮草女が幸せな老後、いやもう少しレベルを下げてストレスの少ない老後を送るためには、後進から総スカンをくらわないようにしなければならない。

だいたい、老害じゃない方が自分自身だって楽なはずだ。いや、わしは老害でおる方が楽だ！と頑なに言い張る人は、変わることを恐れているだけの怠惰な臆病者なんじゃないの？　と思っている。

どうせ婆さんになるなら、わたしゃ楽な婆さんになりたい。

疑惑を晴らす時が来た

だが、楽な婆さんになりたいと願う私の眼前には、真面目に向き合わなくてはならない大きな沼があった。沼の名は「発達特性」。

実は、前々から自分がいわゆるADHD——注意欠如・多動症なのではないか、と疑っていたのだ。

〝発達障害〟という概念が世間に広く知られるようになったのはいつの頃からだったろう。

私の初見は、十数年前に「ギフテッド」に関する書籍の企画に携わった時だった。

ギフテッドとは極めて高い知的能力を有する子供たちのことだ。彼らは、同世代はもちろんのこと、一般的な大人さえ遥かに凌ぐ知性と精神性を持つ。いわゆる天才児だが、その能力のあまりに高きがゆえに凡人社会では理解を得られず、力を十分発揮できないばかりか、時には社会との断絶を選ぶなど、不幸な道を歩むケースが少なからずあるそうだ。

そんな彼らへの理解を促進し、先進国に比べると遅れがちな支援を呼びかける内容の本を作りたいという編集者の思いに感じ入るところがあり、喜んで協力したのだが、その後紆余曲折があって企画自体はボツになってしまった。

そんなわけで、事前の自主学習は骨折り損だったが、すべてが無駄骨になったわけではなかった。

この過程で〝発達障害〟なる概念を知ったからだ。

私が読んだ解説書のいくつかに「ギフテッドには発達障害を併発する子もいる」という文脈でくわしく説明されていた。

ギフテッドについては完全に他人事だが、発達障害の症状には思い当たる節がありすぎた。特にＡＤＨＤ（Attention-Deficit Hyperactivity Disorder）と呼ばれる症候群のうち「注意欠如」がもう自分にビンゴ過ぎて笑うしかないほどだった。

そんなわけで、以来ずっと関心を持ち続けていたわけだが、だからといって何かアクションを起こすわけでもないまま、ことここに至った。日常生活の中で、発達特性のせいと思しき細かい困りごとは多々あるとはいえ、社会生活に著しい困難を抱えるほどひどくはなかったからである。

つまり、私の場合は「あきらかにAttention-Deficit――注意欠如の〝特性〟が見られるが、Hyperactivity――多動や衝動性の傾向は少なく（ないわけではない）、かつ〝障害〟として医療ケアを受けなければならないほどではない」状態なのだ。

こういう「特性はあるが障害というほどではない」状態を近頃は「グレーゾーン」と呼ぶ。なので、私はまあ「グレーゾーン」だなと自己判断し、それで放置していた。

ところが、である。

「老い方」を調べ始めて少し経った頃、「グレーゾーンでＯＫとか、そんな呑気なこと言っている場合じゃねえ!」と頬を打たれたような事例に行き逢ってしまった。発達障害を認知症と誤診されて投薬治療を受け、状態がより悪化するケースが散見する、というのだ。そこで、よりくわしい資料を求めてネット検索したところ、熊本大学が二〇二二年に発表したニュースリリースが見つかった。

タイトルは「高齢者において、認知症に誤診されうる発達障害が存在することを世界に先駆けて報告」。そのままズバリ、の内容である。

よって、リリースの「ポイント」として記載されている部分をそのまま引用させてもらおう。

●認知症専門外来を認知症疑いで受診した患者446名のうち、7名(1・6%)が発達障害(ADHD)であったことが判明した。
●先天的な疾患と考えられている発達障害が、加齢により後天的に顕在化する可能性があることが示唆された。
●ADHDと診断された高齢患者の約半数が、治療薬により症状が改善した。

研究グループの発表ゆえ、紹介されているのは「正しい治療薬を使うことにより症状が改善した」というポジティブな事例だ。だが、裏を返せば、こうした認識を医師たちが持てるようになる前には、誤診でえらい目にあった人たちが数多いる、ということになる。

では、なぜＡＤＨＤは認知症と誤診されるのか。

それは、ＡＤＨＤの注意欠如は認知症の物忘れと非常に似ているからである。

早い話、注意欠如優勢のＡＤＨＤは、ものすごく「物忘れ」が多いのだ。この物忘れに年齢は関係ない。

たとえば私の場合、物忘れの最たる現象である「忘れ物」のピークは小学生時代だった。その後、成長するに従い、少しずつ改善していった。だがそれは忘れ物をしなくなったのではなく、長年の経験によって対策を取るようになったためである。とはいえ、対策を取ったところで物忘れ自体は治らない。今でも出かける時に忘れ物をしない方が珍しい。今日こそ完璧と思って外出しても、必ず小さな何かを忘れている。

私には「完璧な準備」などありえないのである！

何を威張っているんだか、と思われるかもしれないが、もう威張るしかないぐらい、ひどいのだ。

また、「物忘れ」のもう一方の雄である「物の管理下手」も大変なレベルである。財布や鍵やスマホを探すのは日常茶飯事。他にも、購入したかどうか忘れて二度買いする、大事なものをどこかにぽいっと置き失くしてしまう、大事なものを大事にしまい込みすぎてどこに置いたかわからなくなるなどなど、「忘れる」のバリエーションなら数限りなく経験してきた。

物忘れマスターを名乗ってよかろう。

あら、そんなの決まった位置に置けばいいだけじゃないの、と呆れる向きもおられようが、それができないから「障害」なんだよ！　とキレ気味にお答えするしかない。

それでも、長年の訓練と対策の結果、かなりマシになってきてはいる。けれども、完全に特性がなくなるわけではない。生まれながらの特性は、瞳や肌の色のように一生変わらないものだ。環境や経年によって多少の変化はあっても、根っこはずっと同じである。

大人の発達障害が取り沙汰されるようになったのは、ほんの近年のことだ。よって、ほとんどの大人は、たとえ発達障害があっても見過ごされているだろう。そして、そのまま老年を迎え、物忘れが周囲の目につくようになった時に、それが元々の特性だったと気づかれないまま、的はずれな治療で悪化させてしまう。

これは、とっても怖い。

たとえば、偏頭痛も脳腫瘍の頭痛もまとめてしまえば同じ「頭痛」だが、原因も治療法もまったく異なる。診断を誤り、偏頭痛治療ばかりしていたせいで脳腫瘍が悪化したら命取りだ。それと同じことが「認知症治療」で起こりかねないのである。

この事実を知り、私はようやく重い腰を上げて、きちんと医師による診断を受ける気になったのだ。今では認知症でもひとり暮らしを続ける人だっているが、それは適切な加療が前提条件であり、最初のボタンがかけちがっては最悪のことになりかねない。

よって、自分の特性に白黒を付け、将来認知症を疑うようなことになっても医師に対して正確な情報を伝えられるようにここらでひとつ当確を打っておこうと考えたわけである。

読者諸氏におかれましては「認知症」やら「老害」の話をしていたところに突然「発達障害」なんて話が出てきたので唐突感がありありだったかと思うのですが、こういう事情でございました。

そんなわけで、近隣の精神科に行った。

医師には今回の受診目的が「将来の誤診予防」であることを最初にはっきりと伝えた。で、結果。

めでたく「軽度から中度の注意欠如優勢ＡＤＨＤ」との診断がおりた。

しかしながら自力で対処できているし、派生的な精神疾患もないので加療の必要性は認めない。以上である。

グレーゾーンを脱し、黒の領域に足を踏み入れた今、気分は「すっきりした～」のひと言だ。

この気持ちを何に喩えよう。

ガラスの靴がぴったり合う女性を探し当てた王子の気持ち。

ゆで卵の殻が一気につるんと剝けた時の気持ち。

タンスの後ろの五円玉がヤットデタマンの気持ち。

そんなレベルでモヤモヤが晴れ、眼の前がスカッと明るくなった。

何事にせよ「あいまい」が苦手な私にとっては喜ばしい限りなのだ。

世の中には「障害」という言葉に対して、無闇矢鱈と忌避感や嫌悪感を持つ人がいる。そのせいで自身や家族に発達障害の疑いがあっても、見て見ぬふりをしたり、臭いものに蓋をする態度で通したりする。「みんなと一緒じゃないと落ちこぼれ」という風潮が強い社会に生きる人ほど、そういう傾向が強い。別に日本だけの話ではない。先進的といわれている西側欧米諸国でさえ、自分や家族の障害を隠そうとする人たちは一定数いる。だが「ないこと」にしても何も解決せず、苦しみを長引かせてしまうだけだ。

現実を虚心坦懐に見ると、〝障害〟は何も特別なことではない。

たとえば、近眼や老眼だって立派に障害だ。

私なんかは左0・2、右0・1以下のド近眼なので視力補正器具、つまりメガネやコンタクトレンズがなければ危なくって出歩くことすらできない。家事や仕事も不可能だ。「視覚障害認定基準の手引き」を見る限り認定を受けられそうなレベルなのである。また、最近は耳が遠くなってきた。

もっと言えば、この先何らかの病気や事故で身体障害や知的障害が後遺症として現れる可能性だってある。また、骨粗鬆症になって骨折したあげく、車椅子ユーザーになるかもしれない。すべて十分ありうることだ。

世の中には健常者などいない、障害者と未障害者がいるだけだ、なる言い回しを聞いたことがあるのだが、まったく言い得て妙だと思ったものだった。

そうである上は、別に私の発達障害も隠すようなことではない。

これまでのところ、ごく親しい人や一部の仕事関係者には発達障害が確定した話をしたが、「え、本当に？　全然そうは見えないけど」と言われておしまいだった。

世の中、そんなものである。特別視するようなことではない。

一方、私はたまたま物書きで、著作のテーマに関わるから世間様に向けて公表したわけだが、普通ならそんなことをする必要は欠片もない。自分のみ知っておくだけでも十分だ。

だから、もし読者諸氏の中に「もしかしたら……」と心に引っかかる方がいれば、一度精神科で相談するのもいいのではないか、と思う。投薬によって特性が軽減することもある。それに何より認知症の疑いが出た時に、より正確な「自分情報」を医師にわたすことができる。

それでなくても認知症は原因疾患に関しての誤診が多いという。よって、自分の特性をきちんと把握しておき、万が一の場合はできるだけ正確な情報を医師に提供することが、最終的には「老後」を守ることになる。

ソクラテスも言っているではないか。

汝自身を知れ、と。

そんなわけで、延々続いた私の「自分探しの旅（ただし老後向け）」もようやく終わりを迎えることができた。

心技体の現在地はこれまでつらつら書いてきた通り。

今のところ、喫緊の課題はなさそうだ。しかし、油断はならない。

今後も定期的に今回やったような確認作業を行い、自己チェックを怠らないようにしよう。たとえば、誕生月は心技体のチェック月間と定めておくのもよいかもしれない。そこで出てきた問題には可及的速やかに対策を立てる。その対策こそが「老いの自己教育」になるだろう。

現在の私は、概ね成人としての能力は保っている。よって、今のところは「できるだけ長く現状維持できるよう、自己管理していく」が計画の根本となる。

よし、これで老いの自己教育計画基本理念は出来上がった。

次はいよいよ実務的老後対策に進んでいこう。

I DREAMED A DREAM

後半生＝心身の下降線人生に入っていくにあたり、心技体および生活環境をどのように維持管理していくか、が実務的老後対策のテーマだ。

そのためにはまず、老後の生活をシミュレーションしていかなければならないわけだが、これがなかなか難しい。

だって、未来の可能性は無限大ですもの！

良くも悪くも。

現実的には「悪く」に流れる方が高確率なのだが、かといって人間、希望を失ってはいけない。あまりに現実的に考えすぎて夢も希望も失うのは精神衛生上よろしくない。かのキング牧師だって「私たちは有限の失望は受け入れなければならない。しかし無限の希望を失ってはならない」とおっしゃっている。

そんなわけで、私の老後の希望って何かな〜とぼんやり考えてみたところ、ふと思い出したのが、随分昔に外国のドキュメンタリー番組かなにかで見た老女のことだった。

彼女は白人女性で、たしか八〇歳近い年齢だったはず。先立った夫が遺した膨大な遺産のほとんどを現金化し、余生を豪華客船上で送っていた。

部屋は最高級スイートでこそなかったものの、一等船室の中でもかなりグレードの高い部屋だったように記憶している。そこにずーっと住んでいられるのだから、相当な資産家なのだろう。世界一周クルーズに何度も何度も途切れなく乗って、寄港地に着いても上陸することは稀。どの船員よりも——下手をすれば船長よりも乗船期間が長かった。完全なる名物おばあちゃんである。

彼女はこう言っていた。

「船のお客さんとスタッフが、私の家族なの」と。

食事は食べたい時に好きなものを食べ、退屈すれば四六時中開催されているイベントに参加し、運動不足と思えばジムに行き、華やかな気分に浸りたければダンスルームで殿方と社交ダンスに興じる。疲れたらデッキでも自室でも好きな場所で昼寝すればいい。

名物おばあちゃんなので、船中どこに行っても人気の的。航海中に何度かは船長とのディナーに招待され、豪華な美食を楽しみながら世界中のセレブリティと交流する。

こんな冗談みたいな生活を送っている人が、この世に本当に存在したのだ。

はあ、なんてうらやましい……。一体どれだけ徳を積めば、こんな老後を送ることができるのだろう。これが単なるホテル暮らしなら、さほどうらやましくもない。「豪華客船」だからいいのだ。旅が大好き、なんなら一生旅の中で暮らしてもいい私にとって「朝起きたら違う場所」が毎日繰り返される日常はもう憧れのさらに上、気持ちを表現するにふさわしい日本語が見つけられないほどうらやましい。

しかも、この生活にはもうひとつ大きなメリットがある。

私がもっとも恐れる「死後、長時間発見されないまま腐ってしまう」状況、つまり孤立死を避けることができるのだ。だって、一日一度は必ずハウスキーパーが部屋に入ってくるんだから、どれだけ長くとも二十四時間以上死体が見つからないなんてことはない。さらにさらに、葬儀だって、法律やら手続きやらを諸々クリアしておけば水葬してもらえるのだ。これで墓の問題すら解決だ。

もう最高ではないか。想像すればするほどうっとりする。

……レースのカーテン越しに差し込む太陽の光で目を覚ました。

もう朝のようだ。昨夜はナイトクラブで深夜までカクテルを楽しんでいたので少し寝不足だが、目覚めの気分は悪くない。

身支度をしたらルームサービスに連絡し、コンチネンタル形式のブレックファーストを運んでもらう。船室のバルコニーから太平洋の紺碧を眺めつつ食べる朝食は、今日も美味だ。パンはもちろん焼き立て、添えられたシシリー産のレモンマーマレードとフランス産高級バターがおいしさをさらに引き立ててくれる。温かいミルクティーの茶葉はルフナ。一般客にはアッサムが供されるが、私はルフナが一番好きと伝えたら以降は言わずとも出してくれるようになった。

ひと口飲み、いつもの香りを楽しんだ後、トレイに添えられている「本日の予定表」を取り上げた。

どうやら今日は十時から最上階デッキでヨガのクラスが予定されているらしい。

午前中はジムで軽く汗を流すつもりだったけれど、こちらに変更しようかしら。だって、今回乗船したヨガ講師はとても親切で気持ちいい人なんだもの。

ヨガが終わったらランチはビュッフェで簡単に済ませて、その後はシアターで映画を観ましょう。今日から一週間は東欧映画特集ですって。イルディコー・エニェディ監督の作品もラインナップされてる。この船会社のカルチャー担当スタッフは本当にセンスがいい。

あ、そうそう、映画の前にはモールに行って、ハウスキーパーのアンナさんにあげるお誕生日プレゼントを買わなければ。いつもよくしてくれているから、一年に一度ぐらいきちんとしたものを差し上げないと。……あら、スマホに船長からのメッセージが入っているわ。ふむ、夕食のお誘いね。おやおや、今回初乗船の日本人の方がいるのね。紹介してくれるみたい。じゃあ久しぶりにお着物でも着ましょう。今はハワイ航路だから夏着物がいいわね。ドレスコードはスマートカジュアル、ということはごく気楽な会食。だったら、宮古上布と紅型の名古屋帯がぴったりだわ。

その後は……まあ、今夜は流星群が見られるのね。でも極大は夜というより明け方だわ。じゃあ少し早めに寝て、夜明け前に起きることにしましょう。昨夜図書室から借りてきたダヴィッド・ディオプの詩集は明日読めばいいわね。

やれやれ、今日も忙しくなりそう。

……な～んてね。

ほんと、こんな老後過ごしたいよなあ。

無理なのはわかってるけど、夢想するだけならタダだもんな～など思いつつ、二メートルぐらい先の中空を見ながらボーッと白昼夢にふけっていたら、脳内で何やら話しかけてくるものがいた。

モンガ内現実派最右翼のゲオコ氏である。

「しょーもない想像をお楽しみのところ申し訳ありませんが、そんな豪華な暮らしは言わずもがな、あなたが老人になった頃には今と同程度の暮らしをするだけでも難しいのだというのは理解していますか？　大丈夫ですか？」

せっかくのいい気分に水をさされてムッとしながら「わかってらい」とだけ答える私。だがゲオコ氏は退散しない。それどころかなにやら資料の束を取り出してきた。

「よろしゅうございますか？　そもそも今後の日本は国力の衰退が既定路線で……」となにやら長広舌が始まった。

夢から覚めて

将来、日本はいくつかの画期を迎える。

最初が二〇二五年。この年を境に依然として最大の人口ボリュームゾーンを形成している団塊世代が全員七五歳以上の後期高齢者になる。これにより、後期高齢者の人数は二二〇〇万人に膨れ上がる。

さらに二〇四〇年には、団塊ジュニア世代のワタクシタチが六五歳から七〇歳に達する。この頃で、六五歳以上の高齢者人口がピークになると見られている。実に人口の三五パーセント、つまり三人に一人は高齢者という未曾有の高齢化社会になるのだ。

さらに二〇五四年には団塊ジュニアが全員後期高齢者になる。この頃になるとさすがに団塊世代はかなり数を減らしているが、それでも七五歳以上は約二五〇〇万人になると予測されている。人口の四分の一が〝後期〟高齢者なのだ。

現状、日本人の健康寿命は女性が七六歳、男性が七三歳だ。健康寿命は「健康上の問題で日常生活が制限されることなく生活できる期間」と定義されているので、もし健康寿命が延びないままだとしたら、二五〇〇万人のうちの少なくない人たちが寿命を迎えるその日までを「健康上の問題で日常生活が制限される」老人として過ごすことになる。もちろん、全員が全員寝たきりになるわけではないし、病院や施設に入らなければならないほど衰えるわけではない。けれども、なんらかの医療や介護が必要なのは間違いない。必然的に医療費や介護費がかさむことになる。

しかし、「健康上の問題で日常生活が制限される」老人になっても、現在のような手厚い医療制度が続く前提なら百歳まで生きる可能性は十分にある。二〇五〇年には百歳以上が五〇万人を超えると試算されている。けれども、百歳を過ぎてなお矍鑠《かくしやく》としている人は極めて稀だろう。白いカラスの方がまだ見つけやすそうだ。何にせよ「稼ぐことはできない状態で生活する」期間が想像以上に長くなるはずだ。

一方、生産人口と呼ばれる現役世代は減る一方。私たち団塊ジュニアが「支えが必要な老人集団」になった時、支え手は一人につき二人もいない状況になっていると予測されている。

また、生産人口が減る以上は生産力も衰える。日本は労働集約型産業――事業活動の主要な部分を人間の労働力に頼る産業が主力なので、働き手がいなかったら自然と衰退していくしかない。どれだけ構造改革をしたところで、人口減少はシンプルに国力の衰退につながるのである。

よしんば知識集約型産業や資本集約型産業にうまく転換できたとしても、最終的には人間がやらなければならない仕事は残る。それらの仕事の多くは、往々にして賃金が安い。キャリア形成に向かない職であることも多い。であるからには、老い先短い人がこれらの職に就くことが期待されるだろう。これからは高齢者も生活のために働くのが当たり前の世の中になるが、低賃金重労働の職に甘んじなければならない層が少なくないはずだ。

さて、私は前著『死に方がわからない』を書いた時に、本川達雄氏の著作『人間にとって寿命とはなにか』を読んで、現代人の長生きは技術とエネルギーをお金で買うことで実現している、という事実を知った。

日本という国は、（今のところ）技術はあるがエネルギーには乏しい。多くを輸入に頼っている。けれど、今後国力が衰退したらどうなるか。多国間競争で買い負けするようになり、必要量を購入できなくなっていく。というか、今現在すでにそうなりつつある。経済紙のバックナンバーを「買い負け」をキーワードにして検索すると、エネルギーや工業製品から食料品や医薬品に至るまで、ありとあらゆる分野の記事が出てくる。物不足……正確には「これまでと同じ生活をしたいならこれまでにない高コストを払う必要がある」状況はもう始まっているのだ。

これはつまり、私が高齢者となる二〇三六年の日本で、私が——いや、ここは主語を大きくしてもいいだろう――日本人庶民の多くが今と同じレベルの生活を維持できる保証はどこにもないことを意味している。

さきほどの夢のような話は最初から箸にも棒にもかからないが、今の通り暮らせると思っているならそれはそれで甘すぎる。自分だけでなく、国自体も老いていくのが、私たちの〝老後〟なのだ。それを自覚した上で、老後計画を立てられたい。

以上がゲオコ氏の主張である。

……ああ、うざい。

はいはい、そんなことは重々わかっています。おっしゃる通り、その通りです。私は衰退国で老衰していかなきゃいけないんです。

でも、だからって、個人にできる対策なんてたかが知れているじゃないか。

私にできることといえば、せいぜい寿命ギリギリまで健康でいて、死ぬ寸前まで働き続け、病気になったら長患いせずにとっとと逝くことぐらいだ。

お国のやりたい老後対策

ふてくされる私をゲオコは鼻で笑い、見下すようにこう命じた。

「開き直っている暇があれば、今、国がどんな政策を取ろうとしているのか調べたらどうです？」

はあ？　国ぃい？　国になんかするつもり、あるんですかねえぇぇえ？　とハナホジ気分になりつつ、しかしゲオコの言い分には一理ある。一国民として、たしかにそこは押さえておきたいポイントだ。あんな偉そうなやつの言うことを聞くのは癪に障るが、ここはひとつ従うことにしよう。心に堪忍ある時は事を調《ととの》う、だ。

老人問題なら厚生労働省の管轄だろう。でも、経済対策なら経済産業省？　でも、もっと根本的な話となると、財務省がやるのかもしれない。

縦割り行政わかんねえなあなどと思いつつ、それぞれの公式サイトを検索してみた。

そうしたら、案の定、複数の情報が見つかった。

まず、財務省。

トップページに置かれたバナーに「日本の財政を考える」というのがあった。

それをぽちっとして、出てきたページのタイトルは「これからの日本のために日本の財政を考える」。（https://www.mof.go.jp/zaisei/index.htm）

おお、これぞ求めているものではないか。

内容は五章仕立てだ。（二〇二三年版・現在は改訂されている）

1　日本の財政構造

2　厳しい財政事情
3　経済と財政
4　社会保障と財政
5　日本が直面する課題

嗚呼、タイトルを見ただけで読む気無くすやつ。

でもこれもお仕事と思い、がんばって読んでみた。

で、その結果、日本はお先真っ暗なのと、財務省はもっと消費税税率をあげたいんだってことだけはよくわかった。なにせ私がチェックした時に掲載されていた「はじめに」の掉尾を飾る一文が、次のとおりだったのだ。

「消費税率引上げによる増収分はすべて社会保障に充てられています。」

ほお。

「すべて」ですか。

ふーん。

でも、「増収分はすべて社会保障に充てた」からって、個々の負担が減るとは言ってない。増収してもサービスはよくて現状維持、むしろ劣化させたいらしい。

なにせ、第四章「社会保障と財政」にはわざわざ「給付と負担のアンバランス」なるページを設けて、「諸外国と比較すると、日本の社会保障は、『給付』（社会保障支出）に対して、『負担』（税・社会保険料）が低いのが現状です」と太字で書かれてあった。

庶民語に訳すと「お前ら、ろくに金を出してないくせに高度なサービスを受けすぎなんだよ」と言っているわけである。あげく「高齢化等に伴う社会保障の給付の増加と国民の負担の関係について、引き続き、国民全体で議論していく必要があります。」ときたもんだ。しかも、同じ文言を二度も太字で重ねて書いている。たぶん、単純な表記ミスだろうけど私にゃ「大事なことだから二度言いました」に見える。そもそも「国民全体で議論していく必要があります」って文言だって、「四の五の言わずに増税を飲め」っていうお役所表現ですよね？

とにかく財務省にとっての二〇五〇年問題解決策は「増税」一本槍らしい。

最近は政府主導の賃上げが進んでいるというが、増やした分は国民の手元に残さず、国庫に吸い上げたいのだろう。なら最初から法人税で取れば？　と思うのだが、それだと法人に所属していない人間からは取れないから「不公平」ってことになるのかな。

なお、社会にひどい格差が生まれると国が滅びるという認識は一応あるようだ。財務省の資料にはそう明記されているし、やたらめったら「公平」が連呼されている。

しかし、彼らが気になる「格差」は「納税額の格差」ばかりらしい。結論が「所得が低い層からも徴税できるから消費税は平等！」なのだ。つまり、稼ぎがあろうが無かろうが課税できる消費税で吸い上げたお金を再分配するのがもっとも平等である、との発想らしい。

でも、消費税の逆進性については触れられていないし、世界的に有名な経済学者トマ・ピケティ氏が主張するような富裕層に対する資産課税強化なんて話は毛ほどもない。さらに、国が責任をもって富を独占する層から貧しい者へ適切に再分配しますよ、なんて約束事は一切書いていない。

また、日本国は二〇二三年度に史上最高の税収を得たが、「そんなもんは焼け石に水だからもっと増税を！」と言いたいのが丸出しのグラフも掲載されている。

財務省にとって増税は既定路線なのだ。そうである以上、たぶん今後は政権がどの政党になっても消費税はあがっていく。

ならば、老後は少ない年金と貯蓄で暮らさなければならない私のような人間は、生活防衛のために消費を減らす以外に道はない。一国民として、景気アップに寄与できないのは大変遺憾ではあるが仕方ない。お国の施策に唯々諾々と従うなら、そうする以外ない。

とはいえ、財務省がするのはあくまでお金の話である。

景気云々は経済産業省の管轄だ。ならばそっちに期待してみよう、と思ってチェックしたところ、なんと平成三〇年、つまり二〇一八年に「産業構造審議会 2050経済社会構造部会」なるものが発足していた。

設置目的は「2050年頃までの経済社会の構造変化」を見据え、「持続可能な経済社会に向けた政策課題」を検討することだという。

これは具体的な施策を期待してよさそうだ。

そこで資料をダウンロードして読んでみた。

で、結果。

どうやら部会は「年金増額とか無理だから、自分でなんとかしてもらえるような土壌を作っていくしかないよね」という前提で「投資を中心とする自己責任の資産形成とギグ・エコノミーを推進していこう！」みたいな感じの結論を出したかった、らしい。

らしい、というのはこの部会、二〇一九年五月二十日に開催された六回目のミーティングを最後にストップし、その後再開されないまま二〇二一年度に廃止になっているのだ。サイト上には「※二〇二一年度で廃止されました。」とあるだけで、廃止理由は書かれていない。だがどうにも不自然である。

そこでなにかヒントはないかと新聞記事を検索してみたところ、これのせいじゃないかな？という出来事が見つかった。

みなさんは覚えているだろうか？

二〇一九年六月に、老後資金に関する一騒動があったことを。

この月、金融庁は人生百年時代に必要な老後の蓄えを「資産寿命」と定義し、この〝延命〟方法を示す指針をまとめ、報告書を出した。

金融庁の定義によると「資産寿命」とは「老後の生活を営んでいくにあたって、これまで形成してきた資産が尽きるまでの期間」であるそうな。

　資産寿命は生命の寿命が終わるまで尽きてもらっては困るわけだが、これから老後に入っていく人が九五歳ぐらいまで生きるとして（女性はその可能性が高い）、今の年金額をベースに平均的な貯蓄率やら金融資産の保有額なんかを勘案すると、老後資金として二千万円ぐらいは持っておかないと命より先に資産の寿命が尽きますよ、という内容だった。

　で、これが炎上した。

　なにせ、自民党政権は、二〇〇四年の年金制度改革において「日本の公的年金は百年安心ですよ！」と謳っているのだ。それを主導した政治家は他ならぬ当時自民党幹事長だった故・安倍晋三氏だ。ところが、それが百年どころかたったの十五年で、当の本人が首相をしている政権下にある省庁が「年金のほかに二千万円もの大金を用意しておかなきゃ老後の安心は無理みたいです、テヘペロ」みたいなことを言い出したものだから、燃えたのである。

　国民にとっては、まさに寝耳に水……というのは流石に嘘になるか。みんな、うっすら気づいていたはずだ。年金で足りるわけねえ、と。けれど、政権の甘言にのって、ずっと見て見ぬふりをしていた事実をはっきりと数値で示され、冷水を浴びせられた思いがしたのだろう。熾火《おきび》に水をぶっかけたせいで灰神楽《はいかぐら》が立ったのだ。

　安倍首相（当時）にしてみれば年金問題は恐ろしい古傷だ。第一次安倍政権は「消えた年金問題」で痛撃を受けている。ここでまた年金問題が再燃したらどうなるかわからない。野党にすれば格好の攻撃対象だから、燃やす気満々である。燃やさず問題そのものの消火に動いてほしいんだけど、政局にそういうまっとうな理屈は通じない。

結果、当時の内閣は「報告書を受け取らない」という斜め上の作戦に出た。

ほぼひと月後の二十八日には「世間に著しい誤解や不安を与え、（略）政府の政策スタンスとも異なる」とする答弁書を閣議決定し、「二千万円って金融庁が勝手に言ってるだけだから！僕たちがそう言ってるんじゃないから！」ってことにして火消ししようとしたのだ。

いくらカクギケッテイをしたところで「年金だけじゃ不足」という事実が覆るわけではない。だが、安倍政権は常に「聞かなかったことはなかったこと」「見なかったことはなかったこと」を貫いてきた。つまり、「知らないって言い続ければないことにできる」という謎理論を老後問題にも当てはめることにしたのである。だからといって新たな解決策を模索しようとしたわけではない。臭い物に蓋をしただけだ。

そんなわけで、金融庁の報告は有耶無耶になってしまったわけだが、実は経済産業省も遡ること二ヶ月前の四月に老後資金不足問題を「産業構造審議会　2050経済社会構造部会」に提出していた。

試算では、二〇一八年に六五歳になる夫婦が九五歳まで生きたと仮定すると生活費は生涯で一億一千万円弱必要になるが、公的年金収入は満額の厚生年金でも八千万円程度、単純計算で三千万円弱は確実に不足する、となっている。そして、部会はその数字を元に議論していた。

ところが、内閣によって「年金だけじゃ生きていけないのよ問題」はもみ消され、ン千万円が不足するなんて言っちゃ駄目！　と口をふさがれた。たぶん、そのせいで部会は空中分解したのではないか、と推測するわけである。前提がちゃぶ台返しされ、部会の委員さん方もさぞドッチラケだったことだろう。心中お察しする。

生涯一日雇い労働者を目指す社会

しかし、もしこの部会が続いていたとしても、最終結論は私の心に適うものではなかったはずだ。

前述した通り、「投資を中心とする自己責任の資産形成とギグ・エコノミーを推進していって、死ぬまで馬車馬のごとく働く社会を作ろう！」になっていたはずだから。

なにせ、公開されている資料には「第４次産業革命」やら「百年健幸」やら威勢のよい文言が並ぶばかりで、「のほほんとしていても安心老後」なんて提言はひとつもない。

とにかく「働け！　働け！　働け！」である。目指すべき健康も、幸せな隠居生活を送るための健康ではない。労働力としてお役に立てる状態を保つための健康だ。

なお、厚生労働省もこの時期、同様の試算を元に年金制度や高年齢者雇用安定法の改革を進めていた。そして、こちらは着々と議論が進み、近年相次いで改正法案が成立する運びとなった。

正しく改まったかどうかはさておき、とにかく改められたのである。

二〇二三年秋から導入されたインボイス制度も同じ流れの上で言い出されたものだろう。

企業は高齢者の雇用に責任を負わされることになるが、直接雇用は負担が大きい。よって、可能な限り、社会保障費の負担がゼロで、なおかつ賃上げの必要もないばかりか安く買い叩ける（私のような）フリーランスを使いたい。そのために、いわゆるギグ・エコノミーを拡大したいのだ。

ギグ・エコノミー（gig economy）は「ジャズ音楽のギグのようにその場その場でセッションする、つまり労働力の需要と供給をその場かぎりでマッチングする」ことを意味するそうだが、つまりは「単発仕事の日雇い／時間雇い」である。

これまでは主に第一次産業や第二次産業で盛んだったが、インターネットの発達で「労働力の需要と供給のマッチング」が容易になったために第三次産業にまで広がった。

ギグ・エコノミーは本来シェアリング・エコノミー、つまり遊休状態になっている物件や個人の時間／労力／技能を金銭化する〝ライトな副業〟の一環として認知されていた。ところが、米国などではギグ・ワーカーを利用することで雇用側の負担軽減を図る経営者が続発し、労使関係を破壊する一因となっている。

老人の場合、「年金を補完する」目的に限ればこれはこれで「あり」の働き方なのかもしれない。

だが、ギグ・エコノミーは「消費税の免税事業者」を多数生むことになる。ミニマムな経済活動なのだから当然だ。もし老人が働きやすいようにしたいのなら、制度はそのままにしておくべきである。

しかし、新たな働き方で利益が生まれるのに税金をかけられないなんて、財務省には我慢できないのだ。The Beatlesの名曲「Taxman」の歌詞に「全部税として取られないだけ感謝しなさい」とあるが、まさにあれである。インボイスの開始は、国として雇用者の責任が発生しない個人事業主を増やす方向に舵を切る中、税金のとりっぱぐれが起こらないようにするための地ならしだろうと、私は思っている。

経済界と経済産業省はギグ・エコノミーをやりやすくなればいいだけで、そこに従事する人々が二重の搾取対象になるのなんて知ったこっちゃあない。

こうして当事者以外のwin-winが成立する。

すべては「少子高齢化で生産人口が減る中、税収は維持しつつ、社会保障の質を落とすことで国庫全体における社会保障費を減らして国の負担を減らす」政策に繋がっている。

ま、要するにですね。

私たち国民は、もう粛々と「年金だけでは生活できない」を前提として受け入れなきゃいけないわけです。国はとっくにその方向に切り替えています。それが嫌なら易姓革命レベルの政権交代を起こさなきゃ無理ですけど、今の世の中を見る限りまずないでしょう。

これが「斜陽の国で老いていく」ということなんですね。

どんなに厭な現実でも、それが現実である限り向き合っていかなければならない。公助をできる限り縮小し、自助を際限なく拡大する方針の背景にあるのは、新自由主義が大好きな政権ブレインたちの〝思想〟だろう。彼らは格差の拡大など屁とも思っていない。むしろバッチ来〜い！　だ。だから、「ナッジ」とか「インセンティブ」とかを錦の御旗に、特定業界への利益誘導を恥ずかしげもなくやってのける。

ちなみにナッジ（nudge）とは、

1（注意・合図のために、特にひじで）〈人を〉そっと突く、軽く押す；（比喩的）〈人の〉注意を引く、軽く刺激する［あおる］（『小学館 ランダムハウス英和大辞典』より）

という意味の英単語を語源とする行動心理に関する用語で、「個人の自律とパターナリズムに基づく有効な介入のバランスをうまくとるための方法」であるそうな。選択肢がむちゃくちゃ多い世の中で、個人が感覚的に最良の方法を選択できるよう、強制するのではなく、さりげなく誘導してあげましょう、ということらしい。

今の行政はこの「ナッジ」が大好きである。省庁や地方自治体の資料には「ナッジ」という言葉が散見する。やたらめったらインセンティブ（やる気を起こさせるような刺激や動機付け）を使いたがるのもナッジがインセンティブの利用を推奨しているからだ。

なお、ナッジ理論を提唱したノーベル経済学賞受賞者のリチャード・セイラーと哲学者のキャス・サンスティーンは、その著書『NUDGE　実践 行動経済学 完全版』の中で、ナッジの悪用（スラッジ）について言及している。

スラッジとは、それをやらせる主体（政府や企業）が望まないことをするには膨大な労力や費用がかかるよう、制度設計することだ。これもまた最近よく見かける事例である。

わかりやすいのだと、サブスクリプション契約を解除しようとすると解除ページがなかなか見つからなかったり、ウザい確認が何回も入るような設計になっているサイト。あれなんかがスラッジの典型例だ。同じように、健康保険証をマイナンバーカードにしなければ窓口手数料があがるようにする、なんていうのも典型的なスラッジだ。要するに、行動主体が、行動をさせる側にとって望まない行動をしないよう、せっせと嫌がらせをするのである。性格悪いことこの上ない。

今の政府がナッジ理論で制度設計しようとしている以上、私たちはこの理論を理解して、彼らがナッジを悪用しないよう慎重に注視していかなければならない。だが、政府のように注視するだけではいけない。スラッジをやろうとしたら、全力で止めなきゃいけないのだ。

なんともめんどくさい世の中になったものだ。

私はただのほほんと老いていきたいだけなのに。

願わくは豪華客船の中で一生を終えたいだけなのに。

ぼんやりと暮らすためには、搾取したい連中の思惑にのせられないよう、その手法を学び続けたり注視したりし続けなきゃいけない。ぼんやりしたいならぼんやりしていられないなんて、なんたる喜劇的矛盾か。

とにかく、どれだけ望んでものほほんとはしていられない世の中になってしまったのだ。つらいことである。

悠々自適？　なにそれおいしい？

私に悠々自適の年金生活などやってこない。

年金では足りない生活費を補うために死ぬまで馬車馬のごとく働かなければならない。

それはよくわかった。

マスコミなどでは「日本の高齢者は就労意欲が高い＝つまり意識が高い」とまるで美談のように喧伝されることも多い。

だが、ではなぜ就労したいのか訳を尋ねると「収入がほしいから」という超現実的な理由が五一パーセントでぶっちぎりのトップになっている（「令和3年版高齢社会白書（全体版）」より）。二位以下は「老化予防」が二三パーセント、「仕事が好き」が一六パーセント、「仲間探し」が七パーセントと続く。

働き者集団であるはずのジャパンにおいて、「仕事が好き」だから働く高齢者はなんと二割に満たないのだ。

ま、要するにみんな「働かなきゃ食ってけないから働いている」だけであり、それが就労意欲高止まりの正体だった。経済的不安を抱えているだけだ。勤勉だからではない。美談でもなんでもなかった。

余談だが、同じ調査をしたアメリカ、ドイツ、スウェーデンの場合はいずれも「仕事が好き」派がトップで「収入がほしい」派は三〇パーセント前後にとどまる。

彼我の差をどう解釈するか。

……まあ、それはここでは不問に付すことにしよう。自分が直面する現実のほうが重要だ。

もう一度言おう。

私に悠々自適の年金生活などやってこない。

つらいが、認めるしかない。

しかないが、でもなんだかやっぱり夢を捨てられない。

生涯現役！　死ぬまで社会貢献！　みたいな気合いの入った人たちがたくさんいるのは承知している。その心意気はすばらしいと思う。けれども、私はそっち側じゃない。

せっかく日本という美しい国土に生まれたのだ。老後ぐらい花鳥風月を愛《め》でながらのほほんと暮らしたい。

たとえば、こんな風に。

今朝は、私を起こす野鳥の喧《かまびす》しい囀《さえず》りに鶯《うぐいす》の声が混じっていた。初音だ。まだ若い鳥なのだろう。なんだか頼りない、腰の据わらぬ「ホーホケキョ」に、布団の中でつい笑いが漏れる。

私が海辺に建つ有料老人ホームに入居したのは七五歳の時だった。施設に入るなんて早すぎるという人もあったが、1DKの居室はセパレートの風呂トイレが付いた完全個室だし、専有バルコニーもついている。普通のマンションとほとんど同じだ。プライバシーが保証されている以上、私のような集合住宅暮らしに慣れた人間にはなんの違和感もない。

あえて違いを探すなら、自室も共用施設も徹底したバリアフリーになっていること、そして万が一に備える通報機器が作り付けになっていることぐらいだろうか。当然ながら、どちらも住まいを選択する上でのマイナス要素にはなりえない。

ベッドサイドの時計を見ると、時間は六時半。あと半時間もすれば共同食堂で朝食の提供が始まる。食堂は居住棟の隣の棟にあるが、屋根も壁もある渡り廊下で繋がっているのでどんなお天気であれ快適に移動できる。廊下ももちろんバリアフリー。杖でも車椅子でも安心だ。

さて、今朝はどうしようか。夕食は前日までの事前予約制だが、朝食はビュッフェ形式なのでその日の気分次第で利用するかどうかを選べる。一般的な介護施設と違い、自立している入居者は生活のほぼすべてを好きにできるのだ。食事や入浴の時間も自由。行事やクラブ活動への参加も自由。レストランや大浴場は利用時間が決まっているけれども、そもそも部屋にキッチンも風呂もあるので何も問題ない。

そうそう、昨日、銀座で買ってきたというアンパンを高取《たかとり》さんにもらったのだった。じゃあ、今朝はそれと牛乳で済ませてしまおう。

高取さん、入居当時は老人性鬱になってしまって傍から見ていても心配な状態だったけど、スタッフの適切なサポートを受けられたおかげでもうすっかり回復された。月に二度も銀座にお出かけするなんて、私よりもお元気なぐらい。もう八九歳でいらっしゃるのに。

この施設は隣接する総合医療センターと経営母体が同じなので、入居者は健康状態を一元管理してもらえる。入所の決め手となった理由のひとつだ。管理栄養士さんや保健師さんが常駐していて、いつでもアドバイスをもらえるし、健康不安があったら介護棟の看護師さんに相談ができる。お医者様も二十四時間体制で対応してくださるから、私のような動脈瘤持ちにはもってこいなのだ。

とはいえ、私がこの施設を終《つい》の棲家に決めた一番の理由は環境の良さだった。

冬は温暖、夏は涼しい海辺の町に立地し、緑豊かな広々とした敷地に建っている。居住棟は全室南向きのオーシャンビューで、晴れた日などは絶景だ。都心から遠く離れているので空気も水もおいしい。

田舎町だけあって周辺にはまともな店はない。けれども、施設内にコンビニエンスストアのほか、ちょっとした図書室もあるし、ショッピングをしたければ毎日玄関から定時運行している送迎バスを使って最寄りの街に行けばいい。街まではおよそ二十分。そこでだいたいの用は足せる。もっとも今どきは通販でなんでも揃うが。

コンサートやお芝居が見たいときは東京まで出ることにしている。電車で一時間半ほどだ。最寄り駅の送迎バスは最終便が夜八時と少し早いが、夜遊びをした若い頃ならともかく、十一時には就寝するのが常の今の生活では何ひとつ不便に感じることはない。終演が夜遅くなる公演のときは、東京のホテルに外泊することもある。年に数度あるかないかだが、それもまた生活上のよい刺激になっている。

私が住んでいる棟には下は六五歳から上は百歳を超えた方までいる。私などはまだ若い方だ。八〇や九〇を超えた方には要介護の人たちもいるが、彼らも長年住んだ部屋でそのまま介護を受けている。もし入院が必要になっても、退院後は元の部屋に戻ることができる。住み慣れた居室で介護を受けることができるのも大きな安心材料だ。

私がいくつで死ぬか。それはわからない。でも、ここに住んでいる限りなにがあっても安心という事実が心の支えになっている。精神が安定しているからか、体調もすこぶる良い。人間、結局は身心一如なのだ。最期の日まで、私はこの場所で星を数え、月を詠み、鳥の歌を聴きながら花を眺めて生きてゆきたい。

なーんてね。

若い頃は「自然」なんてどうでもよかったけれど、実際に自然が豊かな土地に住んでみると、もうコンクリート・ジャングルに戻る気がしなくなった。だから、老後も、今住んでいる横須賀のような〝ちょうどよい田舎〟に住みたい。そして、基本自由なんだけど、状態が悪くなったら段階に応じて面倒を見てくれる誰かがいる老人施設に入って安閑と暮らすのだ。

安閑。

ボケないためには、これが一番大事。

安閑とは刺激がないことではない。不安や心配がないことだ。ストレスは万病の元というが、認知症もまた例外ではないらしい。

ストレス過多の状態は血流を悪くする。

血流が悪くなると、必要な酸素や血液の供給が減って脳が萎縮する。

脳が萎縮すると、ボケやすくなる。

恐怖の三ステップだ。ストレスが元で発症する鬱病もまた、認知症を呼ぶ。

ボケ対策の第一は安定した心なのだ。刺激は二の次である。

日本では何もかも自前でできる老人が称揚されがちで、また誰もがそれを望む。だが、実際問題として、高齢になればなるほどやれることは減っていく。昨日はできていたことが、今日はできなくなる。老化とは、心身が成長とは逆のベクトルに勝手に進んでいくことだ。

世に数多《あまた》出版されている先輩老人たちの日記を読んでいると、ひとり暮らしで自立した生活をしている人ほどこの現実に直面し、ストレスをためていく。

一方、「できないことをやってくれる誰か」が側にいる人は、気楽に安心して暮らしている。よしんばやってもらうことに申し訳なさからのストレスを感じていたとしても、頼れる者が不在のストレスよりはずいぶん軽いらしい。

私は、もうあまりにひとり暮らしが長すぎて、今更だれかと同居したいとは思わない。たぶん、今のこの快適な生活に他人が入ってきたらストレスで死ぬ。大げさでなく、死ぬ。

けれども、さっき妄想した老人ホームのように居室が完全に独立していて、生活の裁量も任されているなら話は別だ。

今でも、お手伝いサービスなど、一過性である分には人が家に入ってきたってなんのストレスも感じない。誰かが家事をやってくれるっていうなら大歓迎である。用事が終われば帰るんだから、なんの問題があろう。ずっとひとり暮らしをしてきたってことは、生活の何もかもを自力で片付けてきたということである。老後ぐらい、任せるところは人に任せる生活に入ったっていいじゃない。

あ〜、ほんと、こうならないかなあ、と金長まんじゅうをかじりながらお茶を飲んでぼ〜っとしていたら、またあいつが出てきた。

招かざる客、ゲオコである。

「あ～もしもし？　また愚にもつかない妄想をしているところまことに恐縮なのですが、あなたの希望している老人施設、入居に一体いくらかかるかご存じ？」

そう、妄想施設には実はモデルがあったのだ。知る人ぞ知る高級有料老人ホームである。

「〝高級〟。ふっ。あなたにはもっとも遠い言葉ですわね」

うわ、鼻で笑いやがった。マジむかつくコイツ。

「こうした施設、入居には最低でも二千五百万円は必要です。さらに利用料が毎月三十万円ほどかかります。これには食事や共有スペースの利用料が含まれていますが、エキストラ料金や自分のお小遣いは入っていません。つまり、あなたがさっき妄想していたような生活をしたければ月四十万円は必要ってことになります。しかもインフレが続いていけば、もっとお高くなっていきますわよ。そんなお金、どこにあるというのでしょう？」

……。わかっている。わかっているが他愛もない想像で心を慰めているだけではないか。

「あらあら。そんな余裕があるなら、現実を確認されたらどうかしら？　あなた、今も賃貸暮らしでしょ。高齢になればなるほど借りられる家は減っていきましてよ？」

そんなことは先刻承知だ、引っ込んでろい、このスットコドッコイ！　と江戸っ子ミオコに啖呵を切ってもらいたいところなのだが、まあゲオコの言うことももっともである。

確かに高齢者の住宅事情は調べておくべきだろう。こんなヤツの口車に乗せられるのは極めて不本意だが、致し方あるまい。

老人住宅事情＝ディストピア

ゲオコに命じられたモンガミオコ氏は高齢者の住宅事情を調べた。

そして思った。

賃貸居住者の行く末が決して明るくないのは予想がついていたけど、持ち家でも全然安心できないんじゃん、と。

年をとればとるほど住宅が借りづらくなる、とは仄聞《そくぶん》していた。

この話はわりとよく知られているようで、持ち家に住む人から「あら、あなた賃貸なの？　賃貸は年をとると大変みたいねえ、おーほっほっほ」とマウントを取られたこともある。だが、今度会ったら取り返してやりたい。「あら、あなた持ち家なの？　持ち家は持ち家で年をとると大変みたいねえ、おーほっほっほ」と。

当エッセイは「私がうまいこと年をとっていく方法」を探るのが第一目的なので、本来であれば賃貸派の私にはまったく関係ない持ち家派の行く末は取り扱い品目に入れずともよいのだが、今回は入れることにした。マウントの恨みは忘れ、同じ高齢者予備軍として、問題は共有しておくべきだとの広い心に達することができたのである。やっぱり人間、寛容でないと。

そんなわけで、今回はまず持ち家特有の事情から入っていくことにする。

さて、持ち家派の方。

住宅ローンの返済を終えたらもう安心と思っておられることだろう。

だが、所有しておられる物件が戸建てかマンションかで、事情が変わってくる。

戸建ての場合、ローン完済後に発生する費用は修繕費や固定資産税である。火災保険や地震保険などに入っているならば、それも用意しなければならない。もし、これらを賄うだけの十分な資産があるならひとまず安心だろう。

しかし、ローン完済を優先したがゆえに十分な貯蓄ができていなかったとしたら、どうだろう。持ち家を維持するためにはだいたい年四十万円ぐらいは別途見ておかなければならないとされている。月額にすれば三・四万円ほど。家賃に比べれば低いが、年金だけで生活するならそこそこのインパクトがある金額だ。

分譲マンションのオーナーとなると、さらに事情は厳しくなる。

ローン完済後も、固定資産税や保険代に加え、管理費や修繕積立金は住んでいる限り必要になる。やはり年四十~五十万円は用意しなければならない。

だが、それよりも大変なのは老朽化による建て替えが発生したケースである。築古のマンションを購入した場合、十分あり得ることだ。特に、一九八一年六月一日に導入された「新耐震基準」に則って施工されていない築四十年以上のマンションは危ない。もし終《つい》の棲家のつもりで昭和に建てられたマンションを買ったなら、想定外のケースも考えておかなければならないのだ。

建て替えにはマンション住人の一定数が賛成しなければならない制約がある。なのですべてのマンションで発生するイベントではないが、もし賛成が多く、建て替えが決議されたら、自分は反対だったとしても拒否権はない。管理組合が売渡請求権を行使して、反対者の持ち分を買い取るからだ。

さて、こうなると建て替え後のマンションに再入居するか、それとも売却してしまうかの二つの道があるわけだが、どっちを選んでも新たに購入費用は発生する。マンションの売却額が新築の価格を上回ることはないだろう。つまり、新たにローンを組まなければならない。高齢者が住宅ローンを組み直すとなるとなかなか大変である。おまけに、完成するまでの仮住まいを確保しなければならない。家具などをそのまま保持するなら、それまで住んでいた間取りとほぼ同等の賃貸を借りなければならないだろう。

これはなかなかの金銭的負担である。もし年金生活に入っていたとしたら、とてもじゃないが耐えられるものではない。それに、そもそも完成前に死んでしまうかもしれない。よって、もうさっさと売却してしまって引っ越す方が得策とも考えられる。

そうなると売却益を新居取得費用に充てることになる。だが、ここにもまた落とし穴があるかもしれない。

今後、日本は人口が減少していくことが確定している。それに伴い、住宅は供給過多になるとみられている。よって、住宅価格のトレンドは長期的に見ると基本下落なのだが、都市部への人口集中は続くと考えられている。つまり、需要と供給のバランスが需要側に傾く地域と、供給側に傾く地域の差がどんどん開いていく。思ったより高くは売れないマンションが出てくるわけである。マンションを売るにしても、売らずに新築に入るにしても、また新たな費用負担が発生しかねない。高齢になってから負債が増えるのはちょっといただけない話だ。どうもローンを完済したからといって安泰ではないらしい。

ローンが残っていたら話はさらにややこしくなる。

近年、月々の返済額を減らすために四十年の住宅ローンを組むことも珍しくなくなっている。たしかに若いうちは楽かもしれないが、契約したのが三〇歳なら払い終わりは七〇歳だ。定年が六五歳としても、まだ五年は支払い続けなくてはいけない算段になる。

年金だけで住宅ローンを払い続けるなら生活費が圧迫される。退職金がある人はそれを充てるという手もあるだろうが、それだって将来の貯蓄を減らしていることであって、長い目で見れば家計の圧迫である。

また、五〇歳を過ぎると何らかの持病を持つようになる人も多い。思っていたほど働けなくなってもまだローンが残っていると、なかなかきつい。

結局のところ、真に安心な「終《つい》の棲家」は五〇歳ぐらいまでにローンを完済した新築および築浅購入の戸建てかつ固定資産税やらなんやらの支払い能力が十分ある場合だけ、ということになる。

しかし、それでも万全なわけではない。長寿化にともない老後資金が枯渇し、家を手放すケースも出てきているという。得たお金で老人施設に入ることもあるだろうが、そこもタダではない。ある意味、再度賃貸生活に逆戻りになってしまう。

今の家にずっと住みたいが、お金がほしい場合はリースバックやリバースモーゲージを利用することになるかもしれない。

リースバックは一度売り払った家を、売った先と賃貸契約を結ぶことで引っ越さずにそのまま住める、という方法。一方リバースモーゲージは家を担保に融資を受け、死後売却益を返済に回す、という方法である。

持ち家だからお金を作れる、やっぱり持ち家最高！　と思うかもしれないが、正直これらを利用する時は結構精神的ダメージをくらうんじゃないかなあという気がする。

リースバックは、たしかに居住環境は変わらない。だが所有権は買い手に移るので、毎月の家賃が発生する。せっかく作ったお金も、結局は購入企業に吸い上げられてしまうのだ。そもそも一度は自分のものだった家を、他人から〝お借り〟しなければならないのって、なんだかとってもやりきれない気分になるんじゃないかな、と想像する。

リバースモーゲージは要するに単なる融資なので、利息が発生する。これは月ごとに払わなければならない。所有権こそ自分にあるが、毎月家賃を払うようなものである。しかも固定資産税やらなんやらはもちろん自分持ちである。家賃（らしき金）は払う、でも固定資産税も払う、修理費もこっち持ちって、なんだかものすごくドッチラケな気分になるんじゃなかろうか。

もちろん、背に腹は代えられないのだろうが……。

なお、リバースモーゲージが利用できるのは原則戸建てのみだったり、推定相続人の同意を求められることもあったりと何かと制約が多い。私のような相続人なしって人の方が使い勝手がいいのかもしれない。ま、私は家なんて持ってませんけどね。

事程左様に、持ち家があったとしても、よほどしっかりとした資産形成をしておかない限り、高齢化による経済リスクは避けられない。さらに持ち家だからこその精神的ダメージもあるのだ。持ち家があるから百年安心、とはいかないらしい。世知辛いことである。

賃貸生活、性にはあえど

このように持ち家でも起こりうる高齢化リスクはある。だからといって私は賃貸住宅絶対主義者というわけではない。

むしろ、持ち家の方がやはりメリットは大きいし、リスクも少ないと思っている。

思ってはいるが、人生の中でどうしても家を買う気にはならなかった。

なぜか。

買っちゃうと、引っ越しできなくなるからだ。

そう、私は定期的に居住環境を変えたくなる性分なのだ。

まだ自分の性分をよく理解していなかった二十代の頃、マンションの購入を少し考えたこともあった。でも、なんだかしっくりこなかった。しっくりこない理由は曖昧だったのだが、心の声が「買わんほうがええ！」と叫んでいたので、それに従った。

そうこうしているうちに三十代になり、東京で仕事をすることになった。もし家を買ってしまっていたら、この転身はできなかっただろう。東京には十年強住んだ。そして、縁あって、まったく視界に入っていなかった横須賀に居を移した。予想だにしていなかった出来事ではあったが、結果的にはこれが人生の大ビンゴになったのだ。

横須賀は、私にとっては大変住みやすい土地だった。

故郷の大阪も別に嫌いではないし、東京だって住むにはおもしろいところだと思っている。だが、横須賀は、なんというか「私にちょうどいい街」だった。環境の多様性が、飽きっぽい人間にはぴったりなのである。

斜陽気味の地方都市ゆえ活気があるわけではないが、地域の中核なので都市機能は一通り揃っている。買い物に困ることもない。基地の街なので異国情緒があるし、それなりに観光地なので文化施設もまあまあ整っている。同時に自然が豊かであり、夏は涼しく、冬は暖か。なお、地産の食材が抜群においしい。特に野菜と蛸。蛸は明石に並ぶ。いや、それ以上かもしれぬ。

最寄りの大都市は横浜で、これは三十分も電車に乗れば着く。東京のどのエリアにも一時間半ほどで行ける。

要するに、初老のライターが住むにはよい条件が揃っているわけだ。もし二十代で家を買って大阪に土着していたら、ここにたどり着くことはできなかった。心の声に従って正解だったのだ。

けれども、これほど気に入っている土地でさえ、いずれは出たくなるかもしれない。

根無し草の人間とは、そんなものだ。

だから住まいは、賃貸がいい……で終わらせることができた。

今までは。

だが、今後はどんどんそうもいかなくなる、らしいのだ。

「住宅確保要配慮者」なる言葉をご存じだろうか。

平成一九年（二〇〇七）に立法された住宅セーフティネット法に規定された法律用語である。

では、どんな人が住宅確保要配慮者になるのかというと、「低額所得者、被災者（発災後3年以内）、高齢者、障害者、子どもを養育している者等」が相当するんだそうだ。さらに、国土交通省令において、外国人、大規模災害被災者（発災後3年以上経過）、その他各自治体の定めにより性的少数者、社会的弱者（児童養護施設退所者や刑務所出所者など）が追加される。

しかし、なぜこれらの人たちが住宅確保要配慮者と定められるのだろうか。

それはずばり、こうした人たちには物件を貸したがらない家主が多いからだ。

特に高齢者に対する忌避感はかなり強いらしい。

令和三年（二〇二一）に国土交通省が出した資料「新たな住宅セーフティネット制度における居住支援について」によると、貸主の実に八割弱が「年寄りだけの世帯には貸したくありませ～ん」と答えている。

理由は単純。心配事が絶えないから。

家賃をちゃんと払えるほどお金はあるの？　認知症になって火事を出したりゴミ屋敷にしちゃったりしない？　万が一部屋で死んだ時にちゃんと発見したり、後始末をしたりしてくれる人はいるの？　などなど枚挙に暇《いとま》がない。そして、これらは妄想ではなく、実際に起こっている。

一度でも痛い目にあった大家さんは、二度とこうした属性グループには貸そうとしないだろう。そのため、住宅セーフティネット法に基づいて作られた住宅セーフティネット制度もうまく機能していないらしい。

まあ、大家さんたちの気持ちはわからないでもない。わからないでもないが、それでも貸してもらわねば困る。

私の現住物件は、幸いなことに保証人不要だったし、契約期間も特に定めはない。だからとっても気楽なのだが、なにぶん建屋自体が築六十年とかなり古いのでいつまで住めるかはわからない。つまり、いずれは新たな物件を探さなくてはならなくなるのが必定だ。

その時、私は無事住処をゲットできるのだろうか？

今の情勢だと、かなり危うい。

なにせフリーランスの単身者でしかも身寄り極小ときている。貸主にしてみれば一番貸したくないタイプ、厨二病的に表現するとコード・レッドのペルソナだろう。百パーセント連帯保証人を求められること請け合いだ。だが、保証人を立てろとおっしゃられましても、あいにく近親者は高齢の母しかいない。その時まだ健在だとしても、保証人として認められる年齢ではなくなっているだろう。

解決のための最善策は、私を信頼してくれる誰かに保証人になってもらうことだが、たぶん無理。どのご家庭でも「他人の連帯保証人にだけはなっちゃあならねえ」とじっちゃんばっちゃんが固く言い遺しているはずだ。

ならば次善の策として賃貸保証会社の利用が考えられる。しかし、保証会社の保証料はなかなか高い。べらぼうに高いとまでは言わないが、心情的には、そう言いたいほど高い。しかも更新時六五歳以上だと加算料金が付くことも多い。私企業なので仕方がないかもしれないけどさあ……。

では、公営住宅はどうだろう？　実は、公営住宅でも保証人を必要とするケースもある。

しかし、これでは低額所得者層への住宅供給という目的が十分に果たせない。そこで、平成三〇年（二〇一八）に国交省は「保証人の確保を入居の前提とすることから転換すべき」と通知を出した。さらに令和二年（二〇二〇）には各都道府県や政令市の住宅主務部長に宛てて「通知の趣旨を十分踏まえ、入居希望者の努力にもかかわらず保証人が見つからない場合には、保証人の免除を行う、緊急連絡先の登録をもって入居を認めるなど、住宅困窮者の居住の安定の観点から特段の配慮をお願いいたします」とダメ押しのレターを送っているのだ。

ところが、二〇二二年になっても動いていない自治体が少なくなかった。

総務省発表の資料「保証人の確保が困難な人の公営住宅への入居に関する調査結果の公表」におけると、中部管区行政評価局が独自に調査した東海四県では、保証人規定の廃止は一割強にとどまっていたのだ。

やる気なさすぎである。

理由は民間アパートの大家さんとさして変わらない。

家賃を取りっぱぐれたらどうすんの、なんだそうな。

ところが、先行して保証人不要にした自治体に「その後どんなもんっすかね?」と尋ねると「特に問題ないっすね」との答えが返ってきたという。つまり、保証人がいてもいなくても、家賃収納率に特段の低下はみられなかったのだ。この結果をもとに各自治体に再度規定廃止を働きかけているようだが、さてどうなりますやら。

ちなみに私の居住地である神奈川県および横須賀市の公営住宅は保証人不要だった。グッジョブである。

私なんぞは人生のスタートが市営住宅からだったので、団地住まいに戻ることはなんら抵抗感がない。むしろ、あのカオスでわちゃわちゃした空間にノスタルジーがあったりする。だが、ずっと持ち家だったり、同じ賃貸でも民間のちょっとよいところだったりに住んでいた人はそれなりにストレスになるだろうな、とも思う。

また、公営住宅には厳しい収入条件がある。低額所得者層への住宅供給を目的としているから当然なのだが、「所得はそれなりにあるが、保証会社を使うと懐は相当痛む」みたいなボーダーラインの層には救済策になりえないのだ。

そして、今後、高齢者にはこういうボーダー層がかなり増えてくるだろう。よって、やはり保証人不要の物件が民間にももっと増えてくれるしか、解決策はない。高齢者にとって日本の賃貸住宅事情はブリザード級のお寒さである。うかうかしていたら、本当に「晩年はホームレス」なんて悲惨なことになりかねない。

こうした実態を政府も把握はしている。そして、団塊の世代が全員後期高齢者になる二〇二五年を二年後に控えた二〇二三年になってようやく重い腰を上げ始めた。

七月に厚労省、国交省、法務省が合同で住宅確保要配慮者を支援するための検討会を開いたのだ。なにせ二〇三〇年には単身高齢者世帯が八百万世帯、二〇四〇年、つまり私が後期高齢者に王手をかける頃には九百万世帯まで増えると見られているんだから、今上げてもらわないと困る。

検討会は十二月まで行われ、翌二〇二四年二月に中間報告書が取りまとめられた。

内容はというと、すでに発生している問題とこれから起こり得る問題の再確認でほとんどが占められ、結論もなんらかの具体案があるわけではなかった。曰く「地域において住宅確保要配慮者の居住の安定が十分に図られているか、適時に検証され、更なる取組を進めることが必要である」だそうな。

なんだかなあ……。ただ、行政が問題を認識しているのだけは確かなので、私が高齢者に突入する頃には少し状況が改善しているかもしれない。大変期待している。

とはいえ、改善しないかもしれない。

やはり、ここでも別の方向からのアプローチを探しておいたほうがよかろう。

と、考えて、色々リサーチしていたら、見つけちゃいました。

びっくりするほど同じ問題認識を持っている団体が。

「身寄りなし問題研究会」に参加してみた

二〇二三年十月六日、正午過ぎ。

私は上越新幹線の終着駅に降り立っていた。

投宿予定のホテルに荷物を預け、駅前のロータリーでタクシーを拾い、行き先を告げた。

「新潟ユニゾンプラザへお願いします」

運転手は軽く頷き、車は滑らかに走り出し、私はぼんやりと窓に流れる景色を眺めた。

越後で過ごす誕生日か。珍しいことになっちゃったな、と思いながら。

時は少し遡る。

九月半ば、高齢者の住宅問題についてリサーチを進めていたところ、「身寄りなし問題研究会」なるNPO団体に行き当たった。あまりに直截な団体名にいたく興味を惹かれ、さっそくアクセスした。

サイトのトップには「おひとりさまを許せる社会に　私たちはそんな地域共生社会を目指します」との文言が躍っていた。

これはすごいな、と思った。

現在表面化しつつある社会の諸問題の本質を、ずばり喝破していたからだ。

前著『死に方がわからない』でもたびたび言及したが、今の社会制度は「家族」がいることを前提に作られている。家族がいなければうっかり死ぬことすらできない。誰もが必ず経験する「死」でさえその体たらくだ。「死」以前の「生」では「家族なし」なんてのは最初から選択肢ですらないような扱いだ。だって、入院や引っ越しなど、誰にでも起こりうるライフイベントに高い高いハードルがあるんですよ？　まあ、かく言う私だって、将来的な「身寄りなし」が眼前に立ちはだかるまで問題を見逃していたんだから、偉そうなことは言えないが。

勢い込んでサイトを隈なく読んでみたところ、この団体は長年支援の現場にいた人たちが立ち上げ、運営していることがわかった。つまり、実務者集団が必要にかられて作った団体であるわけだ。間違いなく足が地に着いている。

さらに情報をたぐっていくと、「居住支援研修」が開催されるという告知があった。そこでは「居住支援」現場の生の話が聞けるようなのだ。

なんとお誂え向き！　私が聞きたい「実際のところ」がまとめて聞けるに違いない！

これは神のお導きとばかり、日付をチェックした。

すると、嗚呼なんということでしょう！

日付は十月六日、つまり我が誕生日だったのである。

私は、毎年の誕生日には何があっても必ず丸一日休んで、自由気ままに過ごすことにしている。セルフ慰労会みたいなものだ。この習慣はわりと絶対的なもので、十月に近づいたら仕事のオファーには「六日だけは絶対NGなのでスケジュール調整お願いしますね」と返事するし、もし日付決め打ちだったら相手がキアヌ・リーヴスでもない限り丁重にお断りすることにしている。

けれども、今回はむしろ誕生日だからこそ行かねばならぬ、と思った。いやさ、神様からの誕生日プレゼントみたいなものだ、とさえ。結果、「越後で過ごす誕生日」になったわけである。

というわけで、最初に戻る。

目的地にはものの十分程で到着し、案内板が示す会場に入ると、そこは私が想像していたようなこぢんまりとした研修室ではなかった。ひな壇付きの立派なホールだった。二十はあると思しき各テーブルには五席分の椅子が用意されている。

つまり百人規模の研修会らしい。

あっけに取られつつ、私は指定されたテーブルに一度収まった後、会場を見渡し、「身寄りなし問題研究会」代表の須貝秀昭《すがいひであき》氏の姿を探した。

須貝氏は地域包括支援センターなど、長年介護や福祉の現場で働いてこられた筋金入りの人物である。そんな中、身寄りの問題を〝発見〟し、平成二九年には有志とともに「身寄りなし問題研究会」を立ち上げられた。NPO法人化したのは令和五年だが、活動歴は長いわけである。

氏は正面席におられた。イベント前の忙しい時間帯、しかも挨拶しようとする人々で列ができている。声をかけたものかどうか迷ったが、やはり軽く挨拶することにした。取材目的だからだ。その旨は事前にお伝えしてあり、快諾をもらっていたものの、やはりここはきちんとお声がけしておくのが筋というものだろう。

私は恐る恐る近づき、「門賀と申します。このたびは取材許可をいただきありがとうございました」とごく一般的な社交辞令を多少緊張気味に述べたわけだが、須貝氏はニッコリ笑って「あ、どうもどうも」と軽く受け止めてくれた。こちらの身構えがバカバカしいほど自然体だ。

そこで改めて思った。

やっぱり筋金入りの人なんだな、と。

だいたいにおいて、介護や福祉関係の現場で働いている人は（一部の役人を除けば）ごく人当たりの良い……というか、最初から相手を緊張させない雰囲気を持つことが多い。おそらく職業上必要な特性なのだろう。

手助けが必要な人ほど、相手のまとう空気には敏感なものだ。威圧感やビジネスライクな態度を感じると心を閉ざしてしまう。どんな相手でもオープンマインドで接することができるか否かが重要なのだ。

こういう人を見ると、ほんと敵わないなあと思う。私も職業上、初対面の人とお話をする機会は少なくないが、一過性のものだ。しかも多くの場合、相手もインタビューや他者との会話に慣れている。ごく稀に明らかなコミュ障がいないでもないが、ものの一時間ほど話ができればなんとかなるから凌ぐことはできる。

しかし、支援の仕事をしている人たちは違う。長いタームで信頼関係を築いていかなければならない。そして、第一印象はのちの関係構築にかなり影響するはずだ。彼らが元々人好きするタイプなのか、それとも職業的訓練の賜物かはわからないが、とにかく相手を緊張させないことに長けているのは間違いない。

須貝氏とひと言ふた言を交わし、私はまた席に戻った。テーブルには、私の他に四人の参加者がいらっしゃった。こういう席上では積極的に御挨拶するべきか、それとも取材者として大人しくすっこんでおくべきか、勝手が分からず少々悩んでいたら、お一人が自発的に名刺の交換会を始めてくれた。ありがたいことだ。同テーブルにいた方々は介護の専門家や社会福祉協議会の職員、そして役所の福祉課職員といった面々だ。みなさん、日々支援の現場にいる人たちである。ただ、会場全体で見ると福祉医療関係者は約半数で、残りの半数は行政関係者や不動産関係者。

行政関係者は福祉系ばかりでなく、住宅問題を掌管する土木課の職員も含まれていたそうだ。住宅確保要配慮者の支援者が横断的に関わる研修会だったのだ。

いつのまにかホールも満席、ほぼ定刻に研修は始まった。前半は須貝氏と地元の不動産業者の対談形式での事例発表、後半はそれをうけて各テーブルでグループワークという流れだ。

最初の対談では、お二人がいま実際に関わっている支援者の話なども交え、リアルなところが語られた。実例として上げられていたのは必ずしも高齢者ばかりではない。精神障害者や刑務所出所者の話もあった。事情に違いはある。けれども「住宅確保要配慮者」であるのは同じだ。

そして、聞きながら痛感したことがあった。

結局のところ、住宅問題でさえ最終的にものをいうのは助けてほしいと発信できる「胆力」と、差し伸べられた手を摑む「度量」なのだ、と。

助けてくれと叫ぶには、我が身の置かれた状況をある程度客観的に把握し、なおかつ自己解決不可能であると判断する力が必要だ（最初からすべて人任せのタイプは除く）。しかし、自分が崖っぷちだと理解できても、なおそれを素直に受け入れられないこともある。ひとりきりではもうどうにもならぬから助けてほしいと声を上げるには、それなりの胆力が必要なのだ。

一方、本人の能力が衰えていても、周囲が見るに見かねて手伝おうとしてくれることもあるだろう。そんな時、助言を聞き入れ、差し伸べられた手を握り返せるかどうかは人としての度量次第なんじゃないかと思う。私の亡父はこの度量が決定的に欠けていたせいで最終的に何一つ自分では始末できないまま逝った。プライドがあったといえばそれまでだが、時には小さなプライドを捨ててもやらなきゃいけないこともある。それができるかどうかを決めるのは、自分の失敗を素直に認められるかにかかっていて、認めるには度量が必要だ。

だからといってシアサッテの方向に「私を助けろ！　助けろ！」と怒鳴り続けても誰も相手にはしてくれない。それどころかただ嫌がられるだけで終わるかもしれない。叫ぶなら、ちゃんと適切な場所を選んで叫ぶ必要がある。そして、適切な場所を選ぶには、それなりの土地勘がないといけない。その肝心要の土地勘を養うには、頭がきちんと働くうちからある程度目処《めど》をつけておかなくてはならないわけだ。これは「老いの自己教育」の一環ともいえよう。

そして、おそらく「身寄りなし問題研究会」のような団体は「適切な場所」であるはずだ。旅先で観光案内所に飛び込めば地図や情報はゲットできる、みたいな。だが、やはりもう少し勝手がわかっているほうがよい。よって、ここはもう少しお話を聴くべきである。

そう判断した私は、後日、須貝氏にインタビューを申し込んだ。

「身寄りなし問題研究会」代表にインタビューしてみた

ここで改めて須貝氏のご紹介をしておこう。

氏は一九七一年生まれ。私と同い年だが学年的には一つ上になるそうだ。

今はNPO法人「身寄りなし問題研究会」代表理事で、看護師や社会福祉士、救命救急士、主任介護支援専門員などの資格を持つこの分野のプロフェッショナルである。そして着物男子でもある（新潟着物男子部部長なのだそう）。

美しいシルバーヘアだが、容貌や話し方はまるっきり青年のようで大変若々しい。代表理事というより、近所のお兄さんと紹介する方がしっくりくる雰囲気である。私も、ライターとしてたくさんの人たちにインタビューしてきたが、氏ほど相手に緊張感を持たせないタイプはそれほど多くない。そんなわけで、私もじっくりお話を伺うことができた。改めて、氏に感謝の意を伝えたい。また、インタビュー中に出てくる数字は二〇二三年十月現在のものであることを予めお断りしておく。

——私は今、独り者が老いていくにあたって必要な知識をあれこれ調べているのですが、その過程で「身寄りなし問題研究会」を見つけました。このネーミングは実に秀逸だと思います。何を目指しているのか、これほどわかりやすい名前はありません。

須貝秀昭（以下＝須貝）：そうなんです。結構反響があるんですよ。Googleでもすぐヒットするらしくて。他の名前——スマイ◯アップとかにしなくてよかった（笑）。

——（笑）。やはりネット経由での相談もあるのですか？

須貝：そうですね。私も最初はこういう問題に悩んでいるのは高齢者が多いのかなって思ってたんだけど、ホームページを立ち上げたら四十代から「将来不安だ」というような相談もあって、意外と高齢者だけの問題じゃないんだな、なんて思いました。

——おっしゃる通り、身寄りがないことが社会的に不利に働くのは決して高齢者だけではないと思います。現実として全世帯数の中では単身世帯の割合がもっとも高くなっているにもかかわらず、社会では「身寄りがないひとり暮らし」は極めてマイノリティであるという意識が強いままです。

須貝：そうそう。社会がまだ漠然とサザエさん的家族を想定しているっていうのはありますよね。あのマンガって、昭和四十年代ぐらいの家族でしょう？　それなのに、令和の時代になってもまだあの感じが家族のスタンダードとして扱われているんですよね。実際にはかなり少なくなってきているのに。

——まったく困ったものです。ところで、須貝さんはどのようなことがきっかけで「身寄りなし」問題を意識されるようになったのでしょうか。

須貝：私は今年の三月まで地域包括支援センターっていう高齢者相談窓口で勤めていたんですよ。十年ぐらいいたかな。それで、私がいた包括が担当するエリアは新潟県内でも、なんていうのかな、ドヤ街に近いような場所だったんですね。新潟市って港町なので、その昔は造船所とか鉄工所がたくさんあって、県内外から仕事を求める労働者が多数移住してきたんです。その多くは日雇いで、社会保険もかけていないような劣悪な環境で働いていましたが、そういう方たちが住みついた地域でした。その人たちが今現在、高齢化してきているわけですが、地縁血縁がない人も少なからずいます。そのため、私がいた包括では、異様に身寄り問題の相談が多かったんです。それがきっかけかな。そこで有志を集めて、ちょっと勉強会でもしようよっていうのが六、七年前のことでした。でも、いざ始めてみると、決して高齢者だけの問題じゃないってことに気づくようになり今に至る、って感じですね。

――なるほど。日々のお仕事の中で気づいていかれたわけですね。そうした中、「おひとりさまを許せる社会」を構築したいと考えるようになられた、と。

須貝：やっぱり私は基本的に現場の人なので、現場で働いてみて得た思いが原動力になるわけです。身元保証がないと施設入所ができないんだけど、それ以前に施設どころか下手すると病院が入院を断るケースもあるし。そういう意味合いで、これだけひとり暮らしが多いのにまだ日本っていう国は家族なしのおひとりさまが許されてないのかなって思うようになって、「おひとりさまを許せる社会」って言葉に結実しました。

――まったくおっしゃる通りだと思います。家族がいなければ社会的に制限を受けるわけですから。

須貝：身寄りがないってだけで施設入所や入院できないっていうのは差別に当たるのかななんて思うんですよね。これは人権の問題じゃないのかな、って。

――身寄りのない人が増えていく中、さすがに行政も放置しておけないとの意識はあるようで国はぼちぼち動き始めていますが、自治体の動きはどうなのでしょうか。

須貝：一生懸命やっている行政もあれば、動きが鈍いところもあるのが現状です。特に死後対応には積極的でない自治体が多いかな。墓地埋葬法っていう法律で、身寄りがない人の火葬は自治体でやりなさいなんていうのは決まっているんだけど、現場のところでは結構断られたりたらい回しにされたりすることがあるんです。自治体の中には、そういう制度があることをあんまり大きい声では言いたくないってところもあるんですよね。なんでかっていうとやっぱり税金を使うことになるから。そういう意味で、死後対応のところは全体的に反応は鈍いかな。でも、死後対応って本人はできないわけだから、とりあえず行政がするしかない。市役所のホームページにでも、死んだ後のことは役所に任せてくださいなんて書けばどれだけ安心する人が多いのかとは思いますよね。

——私が今住んでいる横須賀市は行政が死後対応にも積極的に取り組んでいるようなんです。

須貝：横須賀方式は超有名です。他の自治体もぜひ取り入れてもらいたいなと思っています。

——身寄りのないものが一人で老いていく前提で住む場所を選ぶにあたっては、居住地の自治体が「身寄りなし問題」に取り組んでいるかどうかも一つの目安になるかもしれませんね。また、取り組みが可能な自治体かどうかも。先日お邪魔した研修会で同じテーブルに、ある町の福祉課で仕事をしている公務員の方がいらっしゃったのですが、「うちの地域では新潟市のように賃貸住宅がふんだんにあるわけではなく、また持ち家率が高いがゆえの問題もある。全く事情が違う」とおっしゃっていたのが印象的でした。

須貝：過疎地だとそうだと思うよ。門賀さんはピンとこないと思うけど、その地域って死ぬほど雪が降るとこなんですよ。冬場になると陸の孤島になるので、支援しようにもおいそれと行けなくなったりする地域なんだよね。だから大変だと思う。

——ずっと人口が多い地域に住んでいる私の視界にはまったく入っていなかった問題だったので蒙を啓かれた思いがしました。少子化が進み、人口がどんどん減っていく一方の地域では、支援体制を整えようにも整えられないわけですよね。独り者が老いていくにあたり考慮しておくべき視点なのかもしれません。そういったことも含めつつ、現場で日々相談を受けておられる立場として、一般的な社会生活を送れている単身者が一人で老境に入っていく上で準備しておくべきだなと感じられるものはありますでしょうか？

須貝：身寄りなしの問題ってもう多岐にわたるんですけど、大きなものとしては死後対応と金銭管理、医療同意があるんです。このうち、医療同意のところはやっぱり本人の同意がないとまったくどうにもならないので、自分がどうしたいかは必ずどっかに書き留めておくとか、誰かに伝えておくとかして備えていただきたいって思います。

——その点は拙著『死に方がわからない』の時に取材した医療ソーシャルワーカーの方も強くおっしゃっていました。

須貝：そうだろうね。そういう部分って支援者にとっては業務外の仕事、シャドウワークになるんですよ。結構苦労することも多いかな。だから、やっぱり当事者にも備えていただきたいなっていうのはあるんですよね。今後は病院も介護施設もおひとりさまの入院入所がもう当たり前になるんだから、おひとりさま対応のマニュアルを各事業所が作るのは当たり前みたいな感じになれば、少し変わると思う。でも、そのためには、やっぱり社会の価値観を変えていくっていうところから始めることになるのかな、なんて。おひとりさまは必ず自分の将来のことは考えて、何か文書に残しておくのが当然っていう空気感みたいなのが広がるのが大事なんじゃないかな。

——自分でやれることはやっておく。それが大前提にあるとしても一人でできることには限界があるのも事実です。

須貝：私、選択肢はいっぱいある方がいいと思っているんです。お金がある人はお金で解決できるのであればそれで全然いいだろうし。たとえば民間の身元保証会社は十分身寄りの代わりになりうるので選択肢の一つとしてはいいんじゃないでしょうか。ただ、何か他の、世間との繋がりみたいなのはあった方がいいんじゃないかなとも思ってます。やっぱりお互いを支え合う、つまり互助の部分が最終的には大事になるんじゃないかな。究極を言えば、身寄りのない人同士が支え合えば解決する部分は結構あるんですよ。近所付き合いもその一つだろうけど、ネット上の繋がりでも全然いいですよね。若い人なんかもう地域なんていう概念はほとんどないじゃないですか。それに倣って、ネットのサークルなんかに入って、たまにオフ会に参加したりして、そんな時に仲良くなって、いざっていう時に支え合えば、それはそれで全然新しい時代、新しい形の支え合いになるんじゃないかなと思ってるんです。

――やはり単身者が生きていく上で人と何らかの繋がりを作る努力はしていかなきゃいけないってことですね……。

須貝：別に嫌なところに無理に出る必要はないと思うんだけど、何か趣味の繋がりでもいいから、少しだけ将来のことを意識したような仲間たちと繋がれば、また変わってくるんじゃないかと思いますよ。

――先日の事例発表の中では、精神障害があるなど、コミュニケーションに問題がある方々の支援についてもお話がありました。互助の輪に入るのが難しい人もいるのではないかと思うのですが。

須貝：居住支援をしている人の中にはなかなかの人たちもいるんだけど、なかなかの人たちも、同じアパートに住んでいると同じ釜の飯を食うみたいな関係になってきて、意外と自然にお互い助け合うようになるんです。ああいう関係を互助組織に発展できると一番いいんじゃないかな。私がリスペクトしているNPOで、身寄りなし支援をしている「つながる鹿児島」という団体があるんですけど、その代表で司法書士の芝田淳さんという方が「鹿児島ゆくさの会」という身寄りのない人の互助組織を作ってるんですよね。二〇二三年四月にNHKのETV特集で取り上げられたんですけど、「つながる鹿児島」が所有するアパートに居住する人たちは互助組織を作っていて、日常生活はもちろん、誰か亡くなったら弔いまでやってるんです。これをうちのNPO

法人で持っているアパートでもできなくはないんじゃないかなとは、ちょっと考えています。

――個人宅に住んでいる場合はどうでしょう。

須貝：六五歳以上の高齢者なら早めに地域の包括支援センターに顔繋ぎをしておいて、自分の情報を伝えておくのが大事だと思います。公的な制度はなんでも使えるだけ使って、お金に余裕があるのなら民間の身元保証会社も利用しつつ、それらでカバーできないところは自分で仲間を作って、お互いを支え合っていく、というのがいいんじゃないかな。

――今の段階ではそれが最適解であるわけですね。人と人との繋がりが「身寄りなし問題」を解決する道であることはわかりました。でも、人間関係を築くのが難しい人間もいると思いますが、（心の中で「私みたいなヤツ」と付け加えつつ）そういうタイプの逃げ道はあるのでしょうか。

須貝：その場合、さっきも言ったけど、民間の身元保証会社を利用する手がありますね。選択肢としては悪くないとは思います。ただ、今のところ、まだ監督官庁がなく、法整備がされてないので危うい部分があるのも確かなんですよ。つまり、どの会社がちゃんとしているかが見分けづらい。もちろん政府も一応動いていて、この先、何らかのガイドラインは出てきそうな感じはするんだけど、そこはちょっと未知数です。

――須貝さんがやっていらっしゃるような活動をする団体は全国にあるのですか？

須貝：まず前提として、「住宅確保要配慮者居住支援協議会」っていうのがあります。

――住宅確保要配慮者が民間の賃貸住宅などに入居できるように、地方公共団体や関係業者、居住支援団体等が連携して支援しましょう、という協議会ですよね。

須貝：そうそう。国土交通省が主導で都道府県はもちろん、各自治体に置こうとしています。ただ、市町村レベルだとまだまだ設置が進んでいないのが現状です。

――国土交通省のデータでは、地方自治体レベルだとまだ八十七の市区町村にしか設定されていないようでした。

須貝：新潟県も県の居住支援協議会はあるんだけど、市町村単位だと一ヶ所もないんですよね。そんな中、居住支援法人として活動しているのはうちを含めて五ヶ所っていう感じかな。他の県も似たような状況でしょう。実は、先日の研修会には裏テーマがあったのですが、それがまさに市町村ごとに居住支援協議会を設けられるようにしたい、ってことでした。できれば、ああいう会議は県全体としてやるんじゃなくて、市町村単位で地域に密着した不動産関係者や包括支援センターや福祉に関わる人たちが集まってするようにならなきゃいけないんじゃないかと、私はそう思っているんです。だから、先鞭をつけるつもりであの会を主催しました。ひとつのきっかけになればなあと思って。

――須貝さんが運営している居住支援法人というのは、住宅セーフティネット法に基づき、居住支援を行う法人として各都道府県が指定するものなんですよね。「住宅確保要配慮者の入居を拒まない賃貸住宅」として登録された物件に円滑に入居できるよう情報提供をしたり、相談を受けたり、また入居者の家賃債務保証や見守りなども含めた生活支援をする、と。

須貝：そうです。ただこの仕組みの上で活動する限り、居住支援法人としては自分たちが運営するアパートに住む人たちは支援できるけど、他で住む人たちに関しては難しいんですよ。端的に言えば、やってもお金にならないから。もしやったら、やればやるほどシャドウワークになっちゃうんです。

ここでちょっと説明しよう。

須貝さんが主催する「身寄りなし問題研究会」（https://miyorinashi.com）はＮＰＯ法人だが、世間にはＮＰＯ法人に対して根本的な誤解をしている向きもある。ＮＰＯ法人の活動はすべて無償ボランティアで成り立っているし、それでなければならぬと勘違いしているのだ。

だが、それは違う。ＮＰＯ法人とはNon Profit Organizationの略で、非営利組織を意味するが、それは活動上利益を出してはいけない、ということではない。出た利益を、営利企業のように分配してはいけない、だけなのだ。

逆にいうと、活動資金として利用するのであれば利益を出しても良い。また、スタッフに「給与」として支払うのももちろん問題ない。つまり、ＮＰＯ法人には有償で働く人もたくさんいるわけである。

ＮＰＯ法人格を取得できるのは、社会貢献活動を目的とする団体に限られている。要するに、利益を出して株主に還元しないといけない営利企業だと手を出せない事業をやっている人たちなのであって、事業として営む以上、運転資金の調達はむしろ「やらなければならない」ものなのだ。

――お金にならない仕事ばかりが増えたら、どんな活動でも続きませんものね。

須貝：それでなくてもこういう仕事ってシャドウワークが多くってさ。誰でもかれでも支援しまくっていうふうにはできないのが難しいところです。行政から出る補助金を申請するともうちょっと支援を広げられるかもしれない。人も雇えますしね。ただ、国の補助金っていうのはすごく不安定なんですよ。毎年同じ額が出るとも限らないし、それどころか突然「来年からは出しません」って梯子《はしご》を外されることもしばしばで。

――他の分野でも国の補助金は不安定すぎて当てにできない、と聞いたことがあります。難しいところですね。今の状況だと、住宅に困りそうな身寄りなし族は六五歳になるまではなんとか踏ん張って、それ以上になったら地域包括支援センターに繋がるのが一番妥当といったところでしょうか。

須貝：包括支援センターは中学校区に必ず一つはあるんです。日本全国どこに行っても。考えてみたらこれってすごいことでしょ。自分の生活圏域に必ず高齢者の公的な相談窓口があるんだから。これはすごく評価すべきことだし、どんどん利用すればいいと思います。

――ですが、それ以下の年齢だとどこに相談すればいいのかわからない人がほとんどだと思うんです。そういう時、居住支援法人に相談をするっていうのも一つの手でしょうか。

須貝：そこはねえ……。相談者が六五歳未満だと行政は縦割りになっちゃうんですよね。生活困窮なら社会福祉協議会に繋げたり、障害者手帳があれば自治体の福祉課に相談してもらったり、精神疾患があれば行政保健師さんを紹介したり、みたいな感じで、繋がるべき場所を案内することはできると思います。うちもホームページを立ち上げてから何件か電話相談を受けたんだけど、そういう時は相手の事情をまずヒヤリングし、どこに当てはまるケースかを区分けして、まずは公的な機関に顔繋ぎをしてくださいとアドバイスをすることが多いかな。それでも駄目な場合はうちのＮＰＯに相談してください、って。でも、電話は全国からくるから、なかなか全部に対応するのは難しいよね。身寄りなし研究会みたいなところが各県にあるかどうかっていうとなかなかかね……。

――今回の会議では、不動産業の方も多く参加されていたということでしたが、中高年以上の単身者への賃貸はリスクがあるとの認識が広がる中、それでも関与しようとするのはなんらかのメリットがあるからでしょうか。

須貝：もちろんそうです。一番はやっぱり空き物件問題ですよね。今、空き家が山ほどあるのが社会問題になっているじゃないですか。空き家ってなにかと不都合だから、借りてもらえれば一番だけど、さりとて家賃滞納も含め、トラブルを起こされても困るっていう逡巡があるところで、それをマッチングするのが居住支援協議会の役割。だからこそ居住支援協議会に登録する不動産会社を増やしていこうっていうのが国の考えではあるんだよね。

――そこに共鳴する人たちであれば、安心して相談できる確率は高い、と。

須貝：そうそう。だから、やっぱりまず居住支援協議会のホームページとかを見るのが一番かな。ただださ、居住支援協議会のシステムに登録されている不動産はまだまだ少なくて、自分が望むような物件があるかっていうところは結構難しいかもしれない。たいていはやはり借り手がなかなかつかないような物件だったりするから。たとえば新潟市の場合だと、新潟大学の周りには学生アパートが山ほどあるものの、今は学生が少ないから借り手が見つかりづらいんですよ。だから、居住支援協議会に登録する大家さんも少なくないんだけど、場所が市の中心部ではないので、都心に住みたい人は「思っているのと違う」と感じたりするんでしょうね。ただ、不動産業の方や大家さんが身寄りなしでもトラブルは意外と少ないんだって認識してくれるようになれば、もうちょっと選択肢が広がってくるかなとは思います。

――大変良くわかりました。まだまだきちんと整備がされているとは言い難い状況ではあるけれども、まったく希望がない、というわけでもなさそうですね。「身寄りなし研究会」のような団体が今後増えていくといいなと切実に思います。

須貝：私、実は今年四月に放浪の旅に出て、全国を回ったんです。すると、行った先々で現地の新聞社から取材の申し込みがありました。全部で十三ヶ所だったかな。関心の高さを改めて感じましたよ。また、その旅で各地の同じような活動をしている団体とも繋がることができました。できれば今後、そうした団体と連携を深めたいとは思っているんだけど、いずれにせよこれから日本各地で支援活動が広がっていくだろうという感触はあります。

――全国的なうねりになっていく、と。

須貝：最初に言った通り、国家的な関心事でもあるし。岸田首相が前の国会で史上初めて「身寄りのない高齢者」っていう言葉を答弁で使ったんです。その流れもあって、自民党内でもあっという間に「身寄りなし高齢者」の勉強会みたいなのができて、このままいったら議員連盟もできそうな勢いです。もうひとり暮らしはスタンダードだし、身寄りがないのも第二のスタンダードになりつつあるんだから、それなりに動きは加速するんだと思います。

――なるほど。それはちょっと安心材料です。ただ、私は無駄に心配性な質《たち》で、私たち団塊ジュニア世代が高齢者になる頃には、あらゆる公的サービスが低下しているんじゃないかなと思っていまして……。

須貝：それはあると思う。私、実は介護保険制度運用開始の一期生なんです。その時からケアマネジャーをやっていたから、介護サービスが少しずつ縮小してるのは実感してます。たぶん、遠からず介護保険は要介護認定が「中」から「重度」の人だけが利用できるものになると思う。軽度の場合は、互助で何とかしろっていうのが国の考えなわけだから。こうなってくるとうちらの時はどうなるんだろうなんて思いながら、日々仕事をしております。さらに言えば、うちらより下の世代も大変なんじゃないかな。老人ホームも団塊ジュニア世代が片付けば利用者が減るから、統廃合が始まると思うんですよね。今、少子化で小中学校が合併とかしてるじゃない。あんな感じになっていく。結局、サービス低下っていうのは常に覚悟しておかなきゃいけないんだろうな。

――やっぱりそうですよね……。その前提で、まだ若い世代が年老いていくにあたりするべき準備は何だと考えられますか？

須貝：やっぱり自分自身で備えるっていうことかな。少なくとも、自分がどう老い、死んでいくのか、そういうのを考えるっていうのはやっぱり各自でやっていただきたいなと思います。なんかさ、日本人って「老い」とか「死ぬ」とかについて考えるのを避けようとする傾向が強いんだよね。でも、やっぱりそれでは駄目。そういうのを変えていって、「備えるのが当たり前なんだよ」っていう空気感を作っていければいいな、なんて思いますね。

――やっぱり「考え、備えておく」が一番大事ですよね。本書のコンセプトを認めてもらえたようでうれしいです。ありがとうございました。


インタビューは以上。

やはり現場に立つ人の言葉は強い。

その人が、住居問題を支援する活動はこれから広がりをみせるだろうと予測しておられるのだから、悲観ばかりしないでもいいのかもしれない。

ただ、それでもなお、やはり「考え、備えておく」はやらなくてはいけないのだ。

すでに五十代に入っている私は刻一刻と「住宅確保要配慮者」に近づいている。

今回のインタビューの後、神奈川県の居住支援協議会のホームページにアクセスし、現住である横須賀市はもちろん、三浦半島全体まで範囲をひろげて物件を探してみた。物件は、あるにはあった。だが、須貝氏のおっしゃっていた通り「思い通りの物件」はなかった。

私は自動車を所有していないし今後所有する予定もないので、最寄りの駅やバス停へのアクセスが徒歩あるいは自転車で可能なことは絶対条件として外せない。

それ以外の望みとなると本棚を両手の指の数ほど置けるかどうかぐらいだが、これは妥協しないといけない部類の条件になるだろうか。

静かな住宅地で職住一体という環境は、今の私にとっては最高に快適だ。

けれどもやがて終わるのははっきりと見えている。よって「次の住処はどうするか」プランを漠然とでも考えておかなければならない。

今の生活は砂上の楼閣に喩えねばならないほど脆《もろ》くはない。けれども、土砂災害警戒区域に住んでいるんだ、ぐらいの危機感は持っておかなくてはいけないのかもしれない。

物書き仕事から完全にリタイアしたら生活をシュリンクさせるのも致し方なしと思っていたが、引退前にその日がやってくるかもしれず、である以上、今から「実現可能な転居」をシミュレーションし、将来の私に許されるであろうスペースの規模を見積もった上で計画を立てておかなくてはならない、というわけだ。

やれやれ、また課題が出てきた。

雨後《うご》の筍《たけのこ》というか、モグラたたきというか……。

難儀なことである。

とはいえ、老後の心配事のうちで大きな割合を占めていた住居問題は「予断は許さないが、希望はある」という結論はみえた。予め心づもりさえしておけば完全に路頭に迷う心配はなさそうだ。

老後住宅問題に備えるための心づもり

では、しておくべき心づもりとはなんだろうか。

色々考えた末、まずは「手放せるもの」と「手放せないもの」の選別がスタートだと判断した。

後半人生とは「死」への道程、かっちょよく表現するなら「無」への回帰である。魂の有無のような話はちょっと脇に置いて、人間を社会的／肉体的存在とすると、死は生前のすべてを一気に消し去る暴力だ。百歩譲って死後の世界があったところで、そこに持参できる現世の物理的物品や現世的名誉は何一つない（「地獄の沙汰も金次第」なんてことはない……よね？）。

そう考えると、生活のダウンサイジングは後半生の必須作業、なのだろう。ソフトランディングさせたければ、少しずつ準備はしておくべきなのだ。これもまた「行程表」の必須項目だ。

私の場合、もっともダウンサイジングが必要なのは蔵書だろう。家財道具の半分は本棚が占めている。こいつらさえいなければ1DK+収納があればなんとかなる程度の物量だ。よって、本丸ははっきりと見えているわけだがそうそう簡単に手放すわけにもいかぬ。なぜなら本は商売道具。なくてはならぬものである。物書きとしてはまだバリバリの現役であり、しかも現役生活を今後少なくとも十五年は続けていかないと老後はおぼつかない。

ということは、ダウンサイジングを目指しつつも、実際には思うようにいかない、という膠着状態に陥ること必定なわけである。

はあ、なんともめんどくさい。

もうめんどくさいことはすべて擲《なげう》ってしまいたい。

そして、隠れ里みたいなところで暮らすのだ。そう、こんな風に。

最寄り駅からバスで一時間、それも日に三便しかないときているような土地だ。

過疎地、限界集落、辺境……呼称はいろいろあるだろうが、とにかく人は少ない。隣家は道に沿って西に六〇〇メートルいくと一軒、東に一キロメートルいくと三軒ほどある。前と後ろは幾重にも重なる山々があるばかりだ。一番近い商店は五キロ先なので、買い物は週に一度回ってくる移動販売と通販が頼りである。

学校や工場なども数キロ四方になく、時折思い出したように家の前を通る自動車の排気音のほかは自然が奏でる物音が聞こえてくるだけ。そんな場所だ。

住み始めた頃は、都会とは何もかも違う環境に戸惑い、ひと月ほど軽い適応障害のような状態になった。けれども、住めば都とはよく言ったもので、慣れてしまえば実に快適だ。

我が家は古民家、といえば聞こえはよかろうが、実際には長らく住む人もいなかった平屋のオンボロ住宅である。台所以外は三間しかないけれども縁側があり、建屋を囲む庭があり、納屋があり、井戸がある。そして何より自由な時間と空間がある。風呂に入りながら放歌しても、夜中に大音量で音楽を流しても、誰はばかることない。

だが、そんなのよりもっとすばらしいのは、本物の花鳥風月があることだ。

庭をぐるりと囲む透垣の内側には、梅や柿などいかにも田舎の農家にふさわしい果樹が並ぶ。花や実をつける老木は野の鳥たちを呼び、お天道さまが顔を見せている間は喧しいことこの上ない。初夏が近づけば納屋の軒先に燕《つばめ》が巣をかけ、雛たちの大合唱まで加わる。空が茜色になりはじめると鴉《からす》どもが大騒ぎしながら家路を急ぎ、燕に代わって蝙蝠《こうもり》たちが我が物顔で飛び回る。夏になればそこに虫たちの狂騒が加わる。

しかし、中秋の月を仰ぐ頃にはそれも少しずつ静まってゆき、冬が立てば無音の日も多くなる。真冬には雪が降る。豪雪地帯ではないが、それでも数センチほど積もるのは珍しくない。そうなれば窓外は水墨画だ。しんしんと張り詰めた空気を胸に吸い込みながら、賑やかな季節の訪れに思いを馳せる。

訪れる者はほとんどないが、なに、寂しいことなどない。

日中は近くに借りた小さな畑で野良仕事をするのに忙しい。一週間に一、二度は農の師である隣家の良子おばあちゃんに教えを乞いに行くが、だいたいそこで二時間や三時間は話し込む。そうしていると他の人たちがやって来て、はっと気づけば日が傾きはじめた、なんてこともしばしばだ。

それに、パソコンの前に座れば地球の裏側に住む友とでも話せるし、ＳＮＳで顔も知らない人たちと交流することもできる。音楽や映画はサブスクで最新の作品に触れられるし、本や雑誌だって電子書籍ならいつでも買うことができる。

別に天地の人間に非ざる有り

李太白ほどの脱俗ではないが、心閑かで豊かな暮らしが、ここにはある。

……ってな具合にいきたいっすねえ、とか思うんですケド。

実際、リタイア後、つまり老後の田舎暮らしは人気らしい。都会の人が田舎に第二の故郷を求める、みたいなテレビ番組や本はごまんとある。なんなら専門雑誌さえ発行されている。何度再生産しても需要が切れないキラーコンテンツであるわけだ。

まあ、あこがれる気持ちはわからないでもない。

私は今住んでいる横須賀が生涯でもっとも小さな街、というレベルの都会っ子として生きてきたわけだが、たまに山村や海辺の小さな町に旅行したりすると「ああ、もうここに住みたい」と謎の衝動が湧き起こる。

インターネットと物流が整った現在、都市部とそれ以外の差は昭和や平成前期に比べれば格段に縮まった。今や、最先端にはどこにいたって触れられる。青年期ならともかく、十分経験を積み重ねてきた今現在となっては、特段都会の刺激を求めようと思わない。むしろ、田舎での暮らしの方が〝未知〟であるがゆえに刺激的に感じられるのだ。

だがしかし、である。

「ぼんやりとした憧れ」がいかに危険なものであるか、中高年となった我々はもう知っているではないか。アクティブに、アグレッシブに生きてきた人ほど、ぼやっとした幻影に潜む恐るべき陥穽《かんせい》に一度や二度は足を取られてきたはずだ。

罠にかかった中高年。これは想像するだに恐ろしい。

「人生はいつだってやり直せる」

それは嘘ではなかろう。だが、人生資源の収支が赤字優勢になる後半生では、やり直しもどんどん重労働になっていく。

人生資源ってなに？　ですって？

いや、今なんとなく思いついた言葉なんですけど、人生を構築するための建材――人、モノ、金、健康、やる気元気いわきみたいなのをまとめたものと思っていただければよろしいかと。

死ぬまで波乱万丈を選ぶのであればそれはそれでかっこいいし、傍から応援する分にはまったく異存ないが、自分自身の余生はというと陽だまりの猫のように生きたい。よって、あんまりリスクは取りたくないのだ。

そんなわけなので、もし絵に描いたようなプチ仙人暮らしを志向するのであれば、まずやらなければならないのはリスク評価である。ならば、理想と現実の落差を明確にするのが常套手段であろう。

そこで、まずは「理想」の方を、キラキラ田舎暮らしを特集する雑誌やテレビ番組で確認してみた。

なるほど、どいつもこいつもすばらしい生活である。

さきほどの夢物語が現実、そんな人たちもいるわけだ。

いや、それ以上だ。

さっきのは、ボロ屋にそのまま住んでいるイメージだったが、キラキラ田舎暮らしでのお家は八割方小洒落たリフォームをしている。築百年の農家が和洋折衷のモダンなコテージになったり、元別荘のログハウスが設備はしっかり二十一世紀仕様になっていたり。

そして、住んでいる人たちも、社会的成功を収め、十分な人生資源を備えた上で田舎暮らしに入っている。つまり、私のように「年とったら住むとこあるかどうかすらわからへんわ〜」レベルの人間など、ハナからお呼びでない。植木等が五秒に一度は出てくるレベルでお呼びでないのである。

なるほど、こういう人たちなら都会生活を手放しても、充実した生活を手に入れることができるのだろう。

……と、短絡したくなったのだが。

実は「こういう人たち」でさえ逃れられない問題が、「夢の田舎暮らし」にはあったのだ。

それはなにか。

田舎のめんどくさい人間関係？

確かにそれが原因で田舎暮らしに失敗し、都会にUターンしてくるケースはよく聞く。しかし、そこは移住者であることを自覚して、郷に入れば郷に従えをモットーに暮らせばなんとかなるだろう。頻出事例を見る限り、失敗している人の多くは新しい土地で自分流を押し通そうとした結果、夢破れている。裏を返すと柔軟に対応すれば努力次第で解決しうるともいえる。

だが、ここで注目したい問題とは個人の裁量云々の話ではない。

もっと根本的なところ。社会インフラの話だ。

さきほど、「インターネットと物流が整った現在、都市部とそれ以外の差は昭和や平成前期に比べれば格段に縮まった。」と書いた。だが、実は、今急速に都市部と地方で差が広がる領域がある。

医療と介護だ。

老後の生活に欠くことのできないこの分野に、驚くほどの格差があるのだ。そして、この格差は、老人の居住可能場所を限定する要因になりつつある。

二〇四〇年問題、ふたたび

ここでまた出てくるのが二〇四〇年問題だ。

少子高齢化が進んだ結果、どの分野でも猛烈な人手不足が発生するとみられている。というか、問題はすでに顕在化している。

今頃になって政府は異次元のなんちゃらをやっているが、あまりにも遅すぎた。少子化対策は団塊ジュニア世代が出産可能な年齢にあった時期にやっておかなければならなかったのだ。でも、政府も社会も、なんなら団塊ジュニア世代自身も問題を見て見ないふりをしたまま、徒《いたずら》に時が流れた。

団塊ジュニア世代は就職氷河期世代のトップランナーであり、バブル崩壊後に社会人生活を始めている。二十代から四十代にかけては賃金上昇率が低く抑えられた。また非正規雇用を長年強いられている者も多い。これらが影響し、婚姻率も出産率も親世代と比べ物にならないほど低いままだ。中には私のように好きこのんで独り身を選んだ人間もいるが、そうでない者も多い。特に男性には多いはずだ。なぜなら、団塊ジュニアはまだまだ昭和の価値観を強く内面化している世代だからだ。つまり、甲斐性のない男は結婚相手とみなされなくて当たり前、だったのだ。

また、結婚しても子供の数を抑える夫婦が多かった。これには初婚年齢の上昇や専業主婦率低下の影響もあるだろうが、経済問題が理由の最たるものであるのは「出生動向基本調査」などを見ても明らかだ。

だが、今ここで指摘したいのは少子化問題の責任や原因ではない。

この先、どうやったって人口は増えず、私たち世代は支えてくれる層がないまま年老いていかねばならないという超シビアな現実である。

国立社会保障・人口問題研究所の試算によると、現段階では、二〇五〇年には東京を除くすべての道府県で今より人口が減少し、うち二割は三〇パーセント以上も減少するそうだ。

さて、これをどう考えるか。

まず想像できるのは、これまでの日本を支えてきた諸々のインフラ——上下水道、ガス、電気、通信、交通機関、そして医療などすべての分野において、需要が少ない地域からごっそりと削られていくであろう、ということである。

前述の夢物語は、曲がりなりにも交通手段はあり、物流は都会と同レベル、通信や水道光熱も当たり前に供給されている前提になっていた。二〇二四年の今ならば、その前提は間違っていない。けれどもそれがいかに儚い前提かは、近年続く交通インフラや郵政サービスの縮小を鑑みれば自明だ。民営化してもサービスは変わらないはずだったのが、実際はどんどん縮小していっている。民間企業になれば営利追求が目的になるのだから、当たり前の話である。

ものすごく身近な話だと、私が住んでいる横須賀市の市内交通に重要な役割を果たしている京急バスが昨年から便の削減をし始めた。人員不足のためと説明されている。なお、バス料金も一気に数十円とそこそこ大きな値上げをした。これは燃料費や人件費などの高騰のため、なのだそうだ。交通インフラを担うとはいえ民間企業である以上、こうした選択は致し方なし、かもしれない。

だが、公営である水道料金も値上がりした。独居者や小規模世帯が増えたことにより水道料金徴収額が低下したため、計算方法を変えたそうだ。その結果、まさしくその「独居者」である私は数百円負担が増えた。これも受益者負担の原則を考えれば致し方なし、なのか……。

だが、生活が少しずつ圧迫されている感は否めない。

負担額が増えているのは、生活の維持に必要不可欠で節約にも限度がある分野である。今はまだひと月単位ならば千円以下の増額に過ぎないが、これがどんどん積み重なるとどうなるのだろうか。

ごく単純にいえば、インフラは利用者が多ければ多いほど個々の負担額は低くなる。つまり大都市圏が有利といえるだろう。だが、大都市圏であっても都心から離れたベッドタウンのような場所は油断ならない。

たとえば昨年末に大阪府南部の路線バス事業者「金剛自動車株式会社」が、いきなり全一五路線を廃止し、バス事業そのものから撤退すると発表した。金剛バスといえば地域の交通の要であり、年間利用者は約一一〇万人に及んでいたという。

それなのに廃業になってしまった。主な理由は「運転手不足」と発表されている。しかしながら問題はそれだけではなかったらしい。

同社は十五年ほど前から利用者減による赤字が続いていたそうだ。運転資金の枯渇は人員不足に繋がり、需要があっても応えることができず、経営環境を圧迫する。そんな悪循環が重なり、結果として廃業に至った。

実は一昨年、取材で南河内郡太子町にある叡福寺——聖徳太子の陵墓があるとされている寺を訪れた際、金剛バスを利用したことがある。その時に驚いたのが、運賃を現金でしか支払えないことだった。自治体が走らせているコミュニティバスならともかく、今どきかなり田舎でもバスはICカード決済可能なことが多い。私は「ここ、大阪よね？」と若干引きつつ、システム利用料などを支払うのが厳しい経営状況なのかなあなどと思ったものだった。

だが、参拝後に利用した最寄り駅・上ノ太子駅ではさらなるドン引きが待ち受けていた。なんと一時間に二本しか電車がない時間帯があったのだ。

もちろん、かなりの地方にいけば一時間二本なんてザラである。しかし、上ノ太子は大阪市南部最大の繁華街である天王寺／阿倍野界隈に三十分ほどで行ける駅なのだ。思いっきり通勤圏内である。よって、通勤通学時間帯は一応一時間に四本は出ている。でも、それ以外の時間帯は……。

大阪でこれ？　アゲインである。しかも運行させているのは金剛バスのような小さな会社ではない。近鉄という、私鉄としては日本一の営業距離を誇る大会社だ。

私がよく利用する最寄駅は、都心から一時間半ほどかかるプチ田舎かつ横須賀線のどん詰まりなのだが、それでも最低一時間に三本は走っている。ああ、目くそ鼻くそと笑うなかれ。この一本の差は大きいし、一時間に二本なんていう時間帯は始発や終電の時間帯を除けば、ない。

だが今後の日本においては、各地で「これ」が見られるようになっていくのだろう。うちあたりもいつまで保つことか。

いくら人口を抱えていても、それらが「移動しない人口」＝高齢者なのであれば交通インフラは衰退していく。水道光熱費にしても、事業者が増えないのであれば家庭需要のみが頼りになるが、高齢者が水道光熱費をどんどん使うなんていうのは活動面でも経済面でも考えられない。

さらに、医療もすでに危機的な状況に陥っている。

都市圏以外では、中核病院の医師や看護師の不足がすでに問題化している。特に専門医や高度医療の担い手が不足していて、人材確保にあの手この手が使われるものの、なかなか奏功しないそうだ。

都市圏の大病院でも「儲からない医科」の閉鎖が続いている。たとえば産婦人科は少子化によってどんどん少なくなっているが、産婦人科の診療対象はお産だけではない。婦人科、つまり女性特有の病気も含まれる。つまり産婦人科の閉診は人口の半分を占める女性の健康問題に直結するのだ。

では、日常的な医療を支える診療所（クリニック）などの開業医はどうだろう。

今のところ、人口密度に関わりなく、それほど閉院率は高くない。ただ、これも「今のところ」のエクスキューズが付く。

厚生労働省が令和二年（二〇二〇）に発表した「医師・歯科医師・薬剤師統計の概況」によると、開業医が経営する診療所の医師の平均年齢は六〇・二歳だという。つまり、後継者がいなければ二〇四〇年には医師の高齢化を理由に廃業する医院が続出すると考えられる。無医村のような医療サービスゼロエリアが人口集中地区でも発生しうるのだ。

介護関連もほぼ同じである。担い手の平均年齢は約五〇歳だ。

介護ヘルパー不足が叫ばれて久しいが、低賃金重労働が解消されないため今後も劇的に改善するようには思えない。若い人たちが将来設計をできないような賃金では人が増えるはずもない。それなのに低賃金に抑えられている。この分野に関しては、アダム・スミス先生おっしゃるところの「神の手」は働かないらしい。ついでにライター稼業にも働かない。神なんて大嫌い。

老人は増える、でも病院や診療所は減る。介護者も減る。

国は今後、終末期の在宅医療を推し進める構えだが、その担い手が二〇四〇年に十分いるかとなるとかなり危うい。担い手不足が続く限り、医療や介護を受けられない高齢者が増えていくのは避けられないわけだ。

このように、人口が少ない小規模自治体だけではなく、一定の人口規模を抱える中核都市であっても、今後は安住するに足るインフラが揃わないようになっていくのはほぼ既定路線である。では、寄らば大樹の陰ってことで、東京や大阪の都市部に住めば問題は解決するのだろうか。それがどうもそうでもないっぽいのだ。

確かに、交通や物流などは維持されやすいだろう。医療供給も比較的安定すると見られている。けれども介護に関しては都市も小規模自治体もあまり変わらない事態に陥るんじゃないか、なんだそうな。

現状の人口推移が続けば（というか、それしかないわけだが）日本が自前で人員不足を解決できる目処は絶対に立たない。今から少子化対策をしたところで、人口グラフの減少角度をわずかながら緩やかにするぐらいの効果しかないだろう。

介護ロボットの利用なんて話も出てきている。それは介護者の労力軽減に繋がるかもしれないけれども、介護者の数を増やす決定打になるわけではない。もし機械類の導入で作業が楽になったら即従事者増に繋がるというのであれば、農業人口の減少はどう説明するのだろうか？　農作業は百年前と比べて飛躍的に楽になっているはずだ。でも、就農者数が上向きなんて話は聞いたことがない。そうならないのは結局のところ労力と報酬の釣り合いが取れない――「これだけでは食えない」レベルで取れていないからだ。

また、外国人の人材を受け入れるなんて話も出てきているが、それがなんの解決にもならない

ケーションは必須だ。コミュニケーションが不可欠だが、

ことは目に見えている。

まず人材育成が困難だろう。介護も医療も専門職であるが、同時に人間を相手にするコミュニケーション必須の職だ。言語が通じなければ話にならない。旅行客相手にちょっと話せます、のレベルでは済まないのだ。さらに文化の違いは世話の質に直結するだろう。日本の中でさえ、東西でこれだけ文化が違うのである。私も大阪から東京に引っ越した当初は、外食するたびにうんざりしたものだった。今でもこっちのうどんは食べられないし。食文化はいうまでもなく、部屋の掃除やらちょっとしたものの言いようやら、日常の中での文化差は確実に摩擦の原因となる。相互理解にはコミュニケーションが不可欠だが、老人にそれを求めるのは難易度が高い。

それに、である。そもそも二十年後の日本が、外国の人々が喜んで働きに来てくれるような国のレベルを保てているとは限らないのだ。低成長や円安が続けば、外国人を受け入れるどころか、日本人が富裕国に出稼ぎに行かなければならないようになるだろう。どうやらこの現象はすでに一部の技能職では始まっているようなのだが。

こうなった時、考えられるシナリオはたった一つ。

貧富の差が、介護医療サービスの差に直結する、ということだ。

都心や高級リゾート地には富裕層に向け、至れり尽くせりのサービスを提供する老人施設が増える。一方、そんな金を出す余裕がない私のような人間は、ジリ貧になるばかりの介護医療サービスを頼るしかない。

こう考えた時、私が戦慄とともに思い出したのが、アニメ「攻殻機動隊 STAND ALONE COMPLEX Solid State Society」で描かれた「貴腐老人」の姿だった。

このアニメでは、西暦二〇三四年、人体機能を次々とサイボーグ化することによって今よりもサイバー化は進んでいるけれども、世界大戦の影響などによって人類が穏やかな衰退に向かっている架空の未来が舞台になっている。

その未来でもやはり老人問題は発生しているが、人権問題にあまり重きを置かなくなっている時の政府は、寝たきりの老人を直接介護システムにつなぎ、常時バイタルサインの確認をすることで、体面だけは繕っている。政府は決して老人を見捨ててはいませんよ、ちゃんと見守っていますよ、というわけだ。栄養も薬も一応は与えられる。機械的に。

貴腐老人はみな大規模団地に住んでいる。管理しやすいからだろう。２ＤＫほどの部屋は、終《つい》の棲家としては十分なのかもしれない。でも、介護の手が十分でないから誰も片付けず、ほぼゴミ屋敷と化している。ＱＯＬ——生活の質を保つだけのサービスはまったく提供されていないわけだ。よって、老人たちは、機械に繋がったまま生命維持だけされて生きながら腐っていく。そんな彼らを、社会は「貴腐老人」と呼んでいるのだ。

初めてこの作品を見た時の私はまだ若かったので、貴腐老人をあくまで作品世界のギミックとして捉えていた。

だが、今は違う。

今後、日本社会が最悪のラインをたどっていった先にある、かなりリアルな自分自身の未来なんじゃないかと感じている。

たった十年でアニメほどサイバー化が進むことはないだろう。だけれども、見捨てられたに等しい老人は増える。つまり機械に繋がれない貴腐老人ばかりになる、というわけだ。

今、団地が高齢者の住居として人気になってきている。キラキラ老後本などでも「おしゃれで楽しい月五万円団地暮らし」みたいなのが出ている。あいうのを見ると、正直なところ、今の高齢者は気楽でいいよな、と思う。

今の団地は高度成長期から八〇年代末までに建てられたものが多い。現在で築四十年から六十年ほどだ。まだ住もうと思えば住める。けれども、二十年後は住むに適さないほど老朽化する物件も増えているだろう。けれど、その時期の自治体に古い物件をスクラップ&ビルドするだけの余力が残っているだろうか。おそらく、ない。団地に入れないんじゃあ、貴腐老人にさえなれやしない。

今後空き家が増える以上は住居も手に入りやすくなるだろうと楽観的な見解を述べる向きもある。けれども、建屋は刻一刻と古くなるのだ。昭和の建築はそれほど堅牢ではない。一戸建てでも集団住宅でも補修なしには住めなくなるだろう。高齢化した社会は、その負担に耐えられるのだろうか？

高齢になっても、元気なうちはまだどこに住もうがなんとかやっていけるだろう。

けれども介護や医療なしではどうにもならなくなった時、どうするのか。インフラがない地域には当然ながら住めない。よしんばインフラがあっても、それを利用できないのであればないに等しい。

結局、慎重に、身の丈にあうサービスを得られる地域を探して住むしかない。

そんなところがあれば、だが。

幸運なことに、条件の整った地域を探し当てたとしよう。

しかし、人は年をとればとるほど環境の変化には弱くなっていく。親に同居を勧めても、うんと言わない、みたいな話はよく聞くが、それは子への遠慮ばかりでもなかろうと思う。年老いてからの変化への対応は、若い頃には考えも及ばないほどのエネルギーが必要だ。それならば多少不便でも住み慣れた場所がいいと判断するのは自然なことだろう。だが、それが可能なのも今はまだ老人を巡る環境がある程度整っているからだ。

今後、全サービスが低下していく中、自分はどうするのか……それを考えておくのは早ければ早いほど良い。

自然災害大国である日本では持ち家さえ安住の地とはいえない。

だれもが「終《つい》の棲家」について、あらゆるパターンをシミュレーションしておかなければならない。

そんな世の中がもうすぐ来ようとしているのである。

なら、私のような、ないない尽くしの人間は、できるだけ情報収集して、シミュレーションし、いざという時に動ける体制を整えておかなければならないのだ。

ああ、またやることが増えた。

情弱とコミュ障は老後を暗くする

終《つい》の棲家を決めるには家賃や住環境だけでなく、地域の医療や介護環境も考慮にいれておかなくてはならない。ただ、いくら環境が整っていても、適宜利用できないのではどうしようもない。

では、利用を阻害する要因はなんだろう。

いろいろ考えてみた。

そしてこう結論した。

情弱とコミュ障。

これが老後を貧しくする二大元凶だ、と。

情弱とは情報弱者、コミュ障とはコミュニケーション障害を略したものだが、略語で使われる場合、本来の意味よりカジュアルかつ侮蔑的な色合いを含むようになる。

情報弱者なる概念が広く知られるようになったのはインターネット普及期だったように記憶している。当初はほぼデジタル・デバイド、つまり「コンピューターやインターネットなどの新しいＩＴを使いこなせる者と使いこなせない者の間に発生する格差」を指していた。

しかし、（新語にはよくあることだが）少しずつ意味合いがずれて一般化していき、「情報を探す方法を知らない人」や「情報の価値や真偽を理解できない人」も情報弱者に含まれるようになった。その結果、「情弱」なる俗語が生まれ、嘲笑の対象になったのだ。

また、コミュニケーション障害も広まるうちに俗化し、意味合いが変わってしまった言葉だ。本来は、発語に難があったり、言語発達に問題があったりするためにコミュニケーションが障害される症状を指す医学用語である。それがいつの間にか他人とのコミュニケーションが苦手な人たちを指すように変化し、コミュ障なるスラングになった時点で、やはり侮蔑語となった。一方、あまり人付き合いをしたくないタイプが、言い訳のために積極的に用いることもある。私もコミュ障を自称している。謙遜気味の卑下をしておけば、細かい事情をいちいち説明せずに済むので楽チンなのだ。

このように、コミュ障は自称されることもあるが、自ら情弱を名乗る人はそれほどいないように思われる。

おそらく、情報化社会においては、相互コミュニケーションよりも一方的な情報収集に重きが置かれるためだろう。コミュ障は人格的な問題だが、情弱は知能の問題にまで広げられやすい。ダメな人と思われてもいいがバカと思われるのだけは我慢できない人間が増えているのかもしれない。

ただし、これが通用するのはネットの情報空間においてのみである。リアルの世界では比重は反転する。多少情報に疎くともコミュニケーション力さえあれば世間を渡っていけるからだ（楽に、とは言い難いが）。

コミュニケーション力を自在に発揮できれば、苦境に陥っても誰かに助けてもらいやすくなる。これは大きな利点だ。けれども、落とし穴もある。近づいてくる人間の善《よ》し悪しが判別できなければ、騙されたり搾取対象にされたりする。これを回避するには情報や知識が必須になる。結局のところ、どちらかだけでは危なっかしい。

逆に言えば、老後、世渡りのための足腰が弱ってきても、情報へのコミット手段と他人様と付き合える程度のコミュニケーション力を最低限確保していれば、なんとかやっていくことができるのではないか。

この仮説を前提に、我が身を振り返ってみた。

今のところ「情弱」の心配はそれほどない。だが、油断は禁物だ。いつそう呼ばれる側に落ちるかわかったものではない。なぜなら、私が高齢者に突入する二十数年後に主流となっている情報機器がどんなものなのか、まったく想像がつかないからだ。

少なくとも携帯端末はスマートフォンではなくなっているだろう。ウェアラブル・デバイス、つまりメガネや腕時計のように身体に装着可能な機器がもっと発達し、使いやすくなれば、世間はそちらに移行するに決まっている。だが、年老いた私は独学で使いこなせるだろうか。

また、パーソナル・コンピューターに関しても、今のようにモニターとキーボードで操るのではなく、脳と直接繋ぐ方式になっていたとしても驚かない。さすがに十年後は無理だろうが、二十五年後、私が八〇歳前になる頃なら十分ありうる。なぜなら人体のサイボーグ化はもうすでに現実に試みられている段階にあるからだ。今はまだ特殊事例での実験にとどまるが、テクノロジーは時宜を得たなら一気に広がる。産業革命以降、人類は何度もそれを経験してきた。

いずれにせよ、これからも新しいテクノロジーはわんさか出てくることだろう。

新しいもの好きとしては、こうしたものについていくことに不安はないし、むしろ楽しみですらある。しかし、将来的に認知に大きな問題が発生したり、精神的にダウンして好奇心を保てなくなったら、どうだろう。

また、新しいテクノロジーについていくには本人の意欲だけでなく、金銭も必要だ。最近は端末がどんどん高額化する傾向にある。新しい iPhone はとうとう十万円を超えた。こうなるともうさすがに新機種が出るたび気軽に替えるわけにはいかなくなる。

もちろん、安い端末や中古を使えばいいわけだが、そうなると最新技術には触れられないわけで、そこにデバイド（格差）が生じてくる。最初期と違い、通信環境や端末普及が整った今、デジタル・デバイドに起因する情報格差はもっぱら挑戦心や好奇心の格差から生じているが、今後は経済格差が主因になっていく気がする。

けれども、社会のデジタル化は止まることはない。国策だからだ。つまり、日本国民でいる限り、何が何でも情報化社会についていかなくてはいけないのだ。

それなのに、貧乏ゆえについていくための手段が得られないとしたら。

年金だけではやっていけないことが確定している私のような未来老人にとって、それはなかなか恐ろしい。

もちろん、行政もなにも考えていないわけではない。

たとえば総務省では高齢者のデジタル・デバイド問題にアドバイザーを招聘《しょうへい》し、各地自治体への落とし込みを図ろうとしている。対策の中には端末配布も含まれる。ただし、何度も繰り返すが、最後の人口ボリュームゾーンである私たちにもそれが適用されるかはわからない。やっぱり自力で喰らいついていくしかなさそうだ。

「めんどくさい」が人を殺す

人間、年をとればとるほど保守的になるというが、その正体は「新しいものを取り入れるのがめんどくさい」なのだと私は理解している。

そして、これに関して、最近しみじみ思うことがある。

「めんどくさい」は人生を損なう元凶となる、最悪のメンタリティなんじゃないか、と。

世の中、めんどくさいことは多い。

でも、「めんどくさい」と捨て置いているものは、本当に「めんどくさい」んだろうか。やってみたら特に面倒でもなかったなんてこと、誰でも経験があるはずだ。突き詰めれば「めんどくさい」をもたらすのは複雑化した社会などの外部要因ではなく、己れの怠惰だ。

だが「めんどくさい」を連発するのは、その先にあったはずのいくつもの「こうなったかもしれない未来」を自ら手放しているに等しい。私はもっと早くこの事実に気づくべきだった。できれば十代、遅くとも二十代後半には気づいておきたかった。そうしたらもっと人生が自由自在になったような気がする。気がする、だけかもしれないが。

なんにせよ、生命力が漸次低減していく今後、「めんどくさい」がますます口癖になっていくのは目に見えている。だからこそ、毎日自分に言い聞かせなければならないのだ。

「めんどくさい」は暗い老後の一里塚、と。

さて、次はコミュニケーションの方である。

あ〜、これ、マジめんどくせ〜な〜（↑さっそく出ている）。

コミュ障的には一番厄介なんですよ、この問題。

コミュ障を名乗るとわりと誤解されがちなんだけど、別に挨拶や社交的な会話が一切できないわけではないんです。一応、社会人としてやっていける程度のコミュニケーションは取れるんです。

でも、その程度のコミュニケーションでさえ、相当なエネルギーを消費する。コミュニケーションが得意な人なら空気を吸うようにできることが、フルマラソンなみの気合とカロリーを投入しないとできない。つまり、無茶苦茶燃費が悪い。よって、疲労困憊する。発達障害を抱えていると特にこの傾向が強いんだそうで、それは医学的にも説明されているとか。こんな具合なのでさすがにこればっかりは「めんどくさい」と言っても許されるのではないかと思う。

とはいえ、まともなコミュニケーションができなければ悲惨な老後が待っている。これは間違いない。老いるとはすなわち人の手を借りなければ日常生活すらおぼつかなくなっていく、ということだ。だが、人の手を借りるには「相手に気持ちよく、あるいはストレスなく手を貸してもらえる」レベルのコミュニケーションはできなければいけない。できなければ命に関わる。

けれども、コミュニケーションのために短い老い先の全精力を使い果たしてしまうのは問題だ。おひとり生活を満喫するためのエネルギーは残しておきたい。

よって、私は今から「コミュ障でも低燃費で可能なコミュニケーション術」を編み出さなければならないのだ。

では、コミュニケーションとはなにか。

えらく基本的なところからだが、一応確認しておくにこしたことはない。

定義としては、自と他が円満な意思の疎通をするために行われる会話や仕草、といったところでよろしかろう。

ここでポイントになるのは「円満」である。

低燃費を目指すなら「円満」は最大の条件だ。自動車でも悪路にさしかかると燃費が落ちるわけで、若い頃に道なき道をゆくのであればそれもよかろうが、ひねもすのたりのたりしている海をポンポン船で航海するような後半生を送りたいなら、航路はなだらかであるよう均《なら》しておかなければならぬ。

ならば、コミュニケーションにおける地均しとはどんなものだろう。

まず、発信する方だが、これは仏教の教えにある「無財の七施」が一番わかりやすい答えなんじゃないかなと思う。

無財の七施とは、文字通り「金がなくても出来る七つの施し」で『雑宝蔵経』という経典に書かれた「果報（良い報い）を得る方法」であるわけだが、私はむしろ世渡り手段だと思っている。とはいえ、いきなり勝手解釈を御紹介するのもなんなので、天台宗が運営するホームページ「一隅ネット」から定義を引用したい。

1. 眼施《げんせ》　やさしい眼差しで人に接する
2. 和顔悦色施《わげんえつじきせ》　にこやかな顔で接する
3. 言辞施《ごんじせ》　やさしい言葉で接する
4. 身施《しんせ》　自分の身体でできることを奉仕する
5. 心施《しんせ》　他のために心をくばる

6. 床座施《しようざせ》　席や場所を譲る
7. 房舎施《ぼうじやせ》　自分の家を（宿や休憩場所として）提供する

それぞれ細かく説明するまでもないぐらいシンプルな内容だが、いざ実践しようとすると難しい。4と6あたりは年をとると自分がやってもらう方になるのだろう。だが、その他は何歳になってもできるはずだ。要するに〝かわいいおばあちゃん〟を目指せばいいわけだ。

私の場合、特に気をつけなければならないのは言辞施だ。自分ではそんなつもりはまったくないのだが、しばしば語感がキツく聞こえるらしい。五〇歳を過ぎ、私もようやく大分人間らしくなってきたので指摘されることは少なくなってきたが、気を抜けばどうなるかわからないので、ここのところは今後も頑張りたいなと思っている。2に関しては眉間の皺を考えれば美容的にも採用したい。

次に受信の方だ。

これも色々考えた結果、「人の称賛や親切は素直に受け取る」を第一目標にしよう、と結論づけた。

なにせ心が捻《ね》じくれているので、人から褒められるのがどうも苦手だ。素直に受け取ることができない。「はいはいお世辞乙」で聞き流すのが習性になっている。

なんでそうなったのかというと、元々上方のハイコンテクスト文化圏で育っているせいである部分は大きいんじゃないかと思う。上方のハイコンテクスト文化とはお邪魔したお宅で何の脈絡もなく「えらいええ時計してはりますなあ」と言われたら「長居しすぎじゃボケ早よ帰れ」と読み替えねばならぬという、あれである。この文化圏においては「言われた内容をそのままの意味で受け取るのはバカ」なのだ。

けれども、年をとってきたら「えらいええ時計してはりますなあ」と言われたら「いややわあ、褒めてくれはっておおきに」でいいんじゃないか。それぐらい図々しくしたって平気なぐらい面《つら》の皮も厚くなってきた。

だから、今後は「モンガさんの文章はおもしろいです！」とか「モンガさん、お若く見えますね！」みたいなことを言ってもらえたら、「本当のことをありがとうございます！」と受け取ることにする。どうせ先方だって社交辞令だ。それなら素直に聞くのがお互い気持ち良いというものだ。

また、親切にされた時にもやたら遠慮や固辞せず、素直に受け取ればよろしい。電車の中で席を譲られたら「ありがとう」と喜んで座ればいいのだ。席を譲りたくなるほど年寄りに見えるのかと怒る人もいるようだが、座った方が楽じゃないか。断られたら申し出た方も気まずい。何度も経験したのでわかる。厚意は厚意として、下衆《げす》の勘ぐりをしなけりゃいいのだ。どうしても年寄りと思われるのがいやなら、私が立っているにはふさわしくない貴婦人に見えたのだろうと思っておけばいい。譲る方も譲られる方も双方おめでたく納まる。万々歳である。

結局のところ、人からの厚意を素直に受け取れないのは損である。若い頃ならともかく、年をとってまだなお心が捻じくれているようでは、自分がしんどくなるばかりだろう。

人は年をとると丸くなるという。たしかに、私の周辺にいる人たちもどんどん丸くなっていっている。私もそうだ。たぶん、みんな自己アピールや自己防御のために張っていたへんなこだわりのバカバカしさに気づいていくのだ。見栄や虚栄の無意味さを悟るのが後半人生の醍醐味なのかもしれない。

一方、年とともに頑なになっていく人たちがいるのも事実だ。その中にはなんらかの病気によって高次脳機能障害を発症してしまっているケースもある。実際、病後性格的に難を抱えるようになった例を目の当たりにした。

よって、世の中には不可抗力の事例があると認識した上で、そうでない限り、老後は素直であれば素直であるほど自分自身が得をする、と思っておけばいい。人から寄せられた親切をしっかりと受け取るのだって、それなりに胆力がなければできないことだ。

つまり、今後今よりもさらに世知辛くなっていくであろうDeath Japanをサヴァイヴしていくには好奇心を失わず、親切を受け止める胆力を養うことが肝要、というわけである。

……なんだか前半生を何も考えずに生きてきたツケが全部回ってきている気がしないこともない。ちょっと凹むが、気づけたのを好機として、これからは意識的に人格を育てていきたい。これも「老いの自己教育」のひとつだ。

ま、育成ゲーム感覚でいけばいいか。

鬱屈したひねくれ者の私、風と共に去れ。

かわいいおばあちゃんの私よ、こんにちは。

こんな感じで。

そもそも「老い」とは何なのか

どんな老人になりたいか。

老人になったらどんな環境を用意すべきか。

老人になるための心構えは。

と、いうようなところをざっと追ってきたが、そろそろ終盤というここらで一度原点に戻りたい。


そもそも「老い」とは何なのか。

端的にいえば、加齢により心身機能が低下し、死に近づいていく過程が「老い」だろう。生物は常に変化し続けるが、前半生では「成長」や「成熟」と呼ばれる変化が、ある時期を境に「老化」に変質する。

これは私の体感だが、体は三五歳、頭は四五歳を過ぎたあたりから生活の中で如実に老いを感じるようになった。五十代の今は「もう若くない」を日々否応なく体感させられている。

だが、幸いなことに、心はまだ成熟止まりで、老いを感じていない。むしろ前半生で積み上げてきた妙なこだわりや益体もないプライドを捨てられるようになり、荷物を下ろした分、心持ちは軽やかに若返っているような気すらする（若返ったとか言い出すことこそ老化の第一歩、と言われたらぐうの音も出ないが）。

気持ちだけはForever Youngが叶うのであれば嬉しいことだが、一方で「気持ちばっかり若い」ことの痛々しさはよく知っているので、そのあたりうまくバランスを取りたいと思っている。

……てな話はさておき。

老いは自然物である人体にとって決して避けることはできず、死とともに絶対的な運命として受け入れなければならないもの。古来、諦めの悪い人たちが数知れず不老不死を求めたが、皇帝であっても富豪であっても成し遂げられたものはいない。

けれども、二十一世紀になって「老いは治療できる」「不老長寿は可能」とする学者たちが出てきた。

代表的なのは二〇一九年に出した著書『LIFESPAN』が世界的大ベストセラーになったデビッド・A・シンクレアだろう。

一九六九年、オーストラリアのシドニーに生まれた彼は老化生物学の研究者であり、現在米国のハーバード大学医学大学院で遺伝学の終身教授、そして起業家として活躍している。

彼の主な研究内容は老化の克服と寿命の延伸だ。老化を「治療可能な病気」として捉え、治療法の開発に取り組んでいるのだ。

その主張するところによると、老化の原因は、細胞のＤＮＡの損傷と、その損傷を修復する能力の低下にある。そこで、その仕組みに関係するサーチュイン遺伝子や、レスベラトロールなどの老化抑制物質の研究を進めている。

サーチュイン遺伝子は、長寿遺伝子あるいは抗老化遺伝子とも呼ばれる遺伝子で、これが活性化することにより生物の寿命が延びるという。この遺伝子が合成するサーチュインというタンパク質が、ＤＮＡの修復や細胞のストレス耐性向上、エネルギー代謝の調節など、様々な機能を持ち、総合して老化の進行を抑制すると考えられているのだ。この仕組みを使って遺伝的な調節を行うことで、寿命を延ばすことができる、らしい。

また、レスベラトロールは、葡萄の皮や赤ワインなどに含まれるポリフェノールの一種で、抗酸化作用や抗炎症作用を持っている。ゆえに老化防止や生活習慣病予防に効果がある、と見なされているのだが、さらにサーチュイン遺伝子活性化にもお役立ちの物質なのだとか。血管の老化を抑制し、動脈硬化や心筋梗塞などの予防にも効果があり、さらには抗ガン作用や抗菌作用さえあるという。まさしく万病の予防薬だ。

よし、私、赤ワインをいっぱい飲もう。↑研究者に一番怒られるタイプの短絡思考私のような単細胞のために、シンクレアは赤ワインに頼らない老化治療薬の開発を研究している。

結局のところ、彼の定義は「健康寿命を延伸させ、健康寿命＝生命としての寿命を一致させる」ことが「不老長寿」であって、若返りの薬があってそれを飲めばたちまちみんな二〇歳に戻る、みたいなことではない。至極当然である。そんなことを言うのはマッド・サイエンティストだけだ。しかし、そんなヨタではなく、もっとリアルな老化研究の進歩が、人類の健康と幸福に寄与すると彼は固く信じているのだ。

もちろん、この手の研究はシンクレアの独壇場ではない。

同じく老化現象とその対抗手段を模索する本としては他にもニール・バルジライ『SUPERAGERS』やニクラス・ブレンボー『寿命ハック』（原題：Jellyfish Age Backwards: Nature's Secrets to Longevity）など、老いとその防止をテーマにした本は世界中で出版され、ベストセラーになっている。

米国で長寿遺伝子を研究するニール・バルジライは八十代、九十代になっても驚異的な記憶力と認知能力を維持する「スーパーエイジャー」と呼ばれる人々について調査した結果を『SUPERAGERS』という著書にまとめ、世間に公表した。

彼は健康を保ったまま長寿を謳歌している人たちのライフスタイルやライフヒストリーを研究し、共通する特徴を見つけたという。ざっとまとめると次の通り。

・高い知的好奇心と学習意欲を持ち続けている。
・家族や友人との交流が活発で、社会とのつながりが強い。
・ストレスをコントロールするのがうまく、ネガティブな感情に囚われない。
・適度な運動習慣を持っている。
・健康的な食生活を維持している。

特に意外性はない。ないが、自分ができるかどうかとなると話は別だ。健康長寿はやはり超人の技なのだと納得する材料にはなるけど。

バルジライはこれらさえ気をつければ誰でも健康長寿は難しくないと主張するわけだが、そんなもん毎日八時間勉強すれば誰でも東大に合格できますと言われているようなもので、こんな生活を毎日できるような人はそもそも人間として優等なのだ。選ばれた者のみが可能なのである。元から優秀な人は往々にしてそこを忘れがちなものだ。

もちろん、本の内容はこうした居酒屋のトイレに書いていそうな教訓話ばかりではない。科学的な知見も盛りだくさんなので、神経科学に興味がある向きには特におすすめする。

また、一九九五年生まれという若き分子生物学者であるブレンボーは、著書『寿命ハック』でまず老化の原因についての基礎的な知識をまとめつつ、自然界には老化を遅らせたり、あるいは逆行させたりする、いわば「寿命ハック」ともいうべき技を進化させた生物がいることを紹介する。

たとえば、クラゲの一種はストレスを受けたり傷ついたりすると、ポリプ――自由遊泳せず石や貝殻にくっついた状態で生きる段階に戻るのだそうだ。これは一種の若返りであるらしい。幼児退行みたいなものか？　あるいは引きこもりかもしれない。とにかく、そうして我が身を癒やすそうなのだが、このプロセスは無限に繰り返すことができるため、条件さえ整えば永遠に生き続けることが理論的には可能なんだそうだ。

なんだ、引きこもりはやっぱり人生サヴァイヴするためのライフハックなんじゃん。

他にも二百五十年から四百年ぐらいは生きると言われているグリーンランド・シャークや、キモカワで有名なハダカデバネズミなど、自然界において異例の寿命を誇る生物についても触れ、彼らの長寿の要因を探る。

これはこれで極めておもしろいのだが、ブレンボーは最後に、これら動物の研究が人間の不老長寿研究に寄与すると論じ、長寿を得るための提案をしている。その提案というのはストレスを減らし、健康的な食事をとり、定期的に運動することとって話で、結局はバルジライの言っていることとさほど変わりないのだが、さらに突っ込んで遺伝子編集などの新技術で人間の寿命を延ばす可能性も示唆しているあたりが今どきのお子さん、もとい研究者って感じだ。そして、彼のイメージする不老長寿、あるいは不老不死はただひたすら明るい。若さゆえだろうか。

私なんぞ「銀河鉄道９９９」で悪辣な機械化人間たちを見て育ったせいか、徒《いたずら》な不老不死は人心を腐敗させ、堕落させるようなネガティブイメージしかないのだが。とはいえ、不老不死は無理でもせめて不老長寿は叶えたいと願う気持ちはわからないでもない。私だって若さと食っていけるだけの富が保証されるのであれば、飽きがくるまで生きたい。

　これは人類にとって普遍的な欲望なのだろう。

そう、欲望。

問題は、ここなのだ。

研究者にとって、不老長寿への貢献は崇高な使命かもしれない。

しかし、不老長寿そのものは崇高でもなんでもない。単なる欲望だ。そして、人は欲に溺れると必ず破滅する。これは普遍的な事実だ。

ならば、もし、人類がこぞって不老長寿を追い求めたらどうなるのか。

破滅が待っている、と考えるのは私だけではあるまい。

人類はすでに持続可能性を問題にしなければならないほど地球を蝕み続けている。その最大の原因は十九世紀以降続いている継続的な人口爆発だ。

私たちは、生まれては死ぬ、というサイクルを繰り返すことで限られた資源を次世代に譲り渡してきた。長寿化はそのサイクルが緩慢になることを示している。では、緩慢になった結果、何が起きるか。

世代間抗争だ。世界最速で社会の高齢化が進んでいる日本では、すでに勃発している問題である。

そもそも古来より戦争は資源の奪い合いに端を発してきた。権力闘争とはつまるところより多くの資源を得るためのパワーを巡る闘争である。御褒美のない闘争などするバカはいない。つまり、平和裏に資源が譲り渡されるならば、争いなど起こる余地はないのだ。

しかし、譲渡のタイミングが遅れると「譲られる」側の苛立ちはどんどん増していく。それが臨界に達すると、破局へのゲートが開かれる。

もしかしたら、これから先の戦争は国と国ではなく、世代と世代の間で起こるのかもしれない。事実、SNSではすでにその萌芽が見える。杞憂と呼べるほど根拠薄弱な心配ではなさそうだ。

もちろん、「老化研究」の研究者たちとて、そうしたことを考えていないわけではない。シンクレアは著作の一章を割いて、「不老長寿」社会への疑問や不安に答えている。

そして寿命が長くなった結果として、富める者だけがますます贅沢《ぜいたく》な暮らしを謳歌し、中流階級が貧困へと転がり始めることのないように、対策も講じなくてはならない。新しい指導者が、公正かつ合法的に古い指導者と入れ替わる仕組みをつくる必要がある。私たちが消費して廃棄するものの量と、世界が耐え得る量のバランスもとる。それも、今だけでなくこれから何世紀にもわたって。(『LIFESPAN』より)

博士はきちんと起こりうることは認識している。

その上で、こう言ってしまうのだ。「私たちはもっと人間らしくならねばならない」と。

もし、寿命延伸による諸問題への解決方法が「もっと人間らしくなる」しかないのであれば。

シナリオとしては、なかなか絶望的なのではないだろうか。

私が幼かった頃に教えられていた二十一世紀は、より進歩する科学と人類の協調によって平和で豊かな社会が約束された時代のはずだった。

ところが、全然そんなことはなかった。夢の二十一世紀は本当に夢でしかなかった。

二〇二四年現在、世界はボロボロである。

しかもボロボロにしている張本人は二十世紀からの生き残りたちだ。もし彼らが退場すれば、世界はもう少しマシになるのかもしれない。

シンクレアをはじめとする最先端の科学的研究に従事している人々は、当然ながら極めて頭がよい。頭がよい人たちは往々にして人の理性や合理性を信じている。どんな愚か者でも正しく学びさえすれば必ず理解し、身を正す、と。頭のいい人は基本、性善説なのだ。

しかし、残念ながら人類の大半は不合理で反知性的だ。そして自ら学び選ぼうとする人ばかりではない。易きに流れやすい。私なんか完全にこっちサイドの人間なので、よくわかる。

もし不老長寿が科学的に実現したところで、その技術を万人の幸せのために分け隔てることなく行き渡らせようと考える人間は僅少だろう。森永チョコボールにあるという金のエンゼルよりもレアなはずだ（なお、私は金はおろか銀のエンゼルさえ見たことがない）。

よしんば研究者が善意からその技術を惜しみなく公開したところで、それを搾取手段として利用しようとする有象無象が多数五月蠅《さばえ》なす神のごとく湧いて出てくるだけ。ならばもう、不老長寿の研究なんてやめた方がいいのではないか……と考えて、ふと思った。

こうした「不老長寿」研究者の書いていることって、どこまで本当なんだろう？　と。

シンクレアの本なんかを読んでいたら、もうまもなく誰でも不老長寿を享受できるようになるんじゃないかと錯覚してしまうのだが、最終章は自分たちの研究にもっとお金を出すべき！　みたいな主張が出てくる。つまり、もしかしたら本まるまる一冊が自分の研究プレゼンテーションだったのでは疑惑があるのだ（研究者の本はつまるところ全部そうともいえなくはないが）。

つまり、針小棒大というと失礼かもしれないが、将来展望はある程度誇張しているのかもしれない。そうしたら人類の不老長寿化を懸念する私の心配そのものが取り越し苦労ということになる。

そこで、私は、彼らの主張にどこまで蓋然性があるのか確かめてみることにした。

では、どうやって確かめればいいのか。

ある。手段はある。あるじゃないか！　あの人に聞けばいいじゃないか。

え、あの人って？

八代嘉美さんに聞いてみた

長く生きていたら、出会うこともなかったはずのお方とひょんな縁がつながることもある。私にとって、八代嘉美さんはまさにその好例ともいえる方だ。

八代さんは幹細胞生物学、再生医療、科学技術社会論を専門とする研究者で、特にiPS細胞をはじめとする幹細胞技術の倫理／社会問題に関する研究を続けてこられた。文系世界の底辺でモゾモゾやってきた我が人生において、本来なら遠い世界のお人のはずだが、二〇一三年に米国テキサス州サン・アントニオで開催されたSFワールドコンでお目にかかったことで御縁ができた。つまり、そちら方面にも造詣深い文理両道の人物なのである。

近年は再生医療の実用化に向けた政策提言や社会対話促進にも力を注ぎ、一般社会に向けた科学技術コミュニケーションに積極的に取り組んでおられる。今回、お話を伺うのにこれほど適した方もいない。

そんなわけで、いきなり「すみません、長寿本がホントか嘘か教えてください」とお願いしたのだ。以下はお忙しい研究者に図々しくも初歩的な質問を投げかけた、厚顔無恥の記録である。

――雑駁《ざっぱく》な聞き方で恐縮ですが、研究者による長寿本に書かれているような老化治療は本当に今後一般的になっていくものなのでしょうか。

八代嘉美（以下＝八代）：少々もやっとした回答になりますが、ああした本に書かれていることが今後すべて実現可能かというと、そうではないでしょう、というしかありません。あれらはあくまで実験段階のデータを元に書かれています。よしんば有効な何かが見つかったとして、それを人間に対して投与するならば、実用に至るまでに細胞レベルや動物レベルでの実験がまず行われるし、それらをクリアしても、広く使えるようになるまでは臨床試験といった多くの段階を踏む必要があります。ですので、近々一足飛びに普及すると読んでしまうのは危ないところです。ただ、「いかにも手が届きそう」というふうに読めるから本がヒットしたところもあるのでしょう。研究者が一般社会を対象にするコミュニケーションで気をつけないといけないのは、基礎研究でうまくいったからといってすべてが成果を出せるわけではなく、鳴り物入りで始まっても途中で消えていくものはたくさんありますよ、という話を大前提にしておかないといけない点ですね。

――消えていく、とはどういうことですか？

八代：例えば、化学物質の構造から、特定の疾患に効くことが予測できる、薬になりそうな候補物質が見つかったとしましょう。しかし、それが実際に薬として完成されるまで多段階の実験を重ねていくと、ほとんどがどこかで脱落し、最終的には三万分の一ぐらいの確率でしか新薬にはならないのです。遺伝子治療も同じです。動物実験ですごく効いたと報道されても、その後うまくいくかどうかはわかりません。もし、新発見がすぐに治療に役立つんだったら人間の病気はもっと減っていることでしょう。でも、そうはなっていませんよね。動物のレベルで効果が認められたとしても、実験用マウスと人間では生きるための仕組みは概ね一緒とはいえ、やはり細かいところは違います。効いたとしても、安全性に問題があれば使えません。たとえば、サリドマイドという鎮静剤はマウスでは無害でしたが、人間の妊婦が服用すると、お腹の中の子供に奇形が生じました。有効性や安全性を検証していくと、最終地点までたどり着けるものは極めて少ないんです。

——なるほど、やはりそううまくはいかないのですね。あと、もう一つピンとこなかったのが、iPS細胞と老化防止の関係でした。iPS細胞は八代さん御専門の分野だと思うので、少し解説していただけるとうれしいのですが。

八代：まず、iPS細胞は皮膚細胞などから作られる人工多能性幹細胞で、あらゆる細胞に分化できる能力を持ちます。すでに分化してしまった体細胞をリプログラミング、日本語に訳すと初期化して未分化な状態にするのですね。

現在、老化研究の中で着目されているのがパーシャル・リプログラミング、日本語だと「部分的な初期化」研究です。細胞は完璧に初期化をしてしまうと、受精卵のような状態になります。それを体の中に移植すると不規則的に増殖したり、分化したりってことが起こってしまいます。要するに、iPS細胞をそのまま体内に移植すると、移植された細胞がガン化するということです。そこで今着目されているのは、完璧な初期化をするところまで持っていかずに、部分的に留めるという手法です。外界から、受けた影響をリセットする仕組みを使って、リセットしたいところだけリセットしようということですね。一概にこうと言い切れないところがあるのですが、細胞が増殖をするタイミングで変異が起こる部分をリセットすることができれば、病気ではない細胞の方が増えてくれます。たとえばパーキンソン病とかアルツハイマーなど、加齢に伴う疾患を持つ患者さんの神経細胞を初期化することで、疾患を食い止めよう、治療しようという考え方です。

——手術して細胞を入れ替えるとか、ですか？？？

八代：必ずしも手術が必要ということでもありません。薬物なのか遺伝子なのか、選択肢はいくつか考えられますが、遺伝子の状態をリセットするために必要なものを目標とする組織に送り届けることさえできれば、その中でリセットされた細胞が増えてきてくれるイメージです。ですので、細胞の中に遺伝子を送り届ける技術が成熟してくれば、うまくいくかもしれません。

——ｍＲＮＡワクチンみたいなものでしょうか？

八代：ＣＯＶＩＤ-19のｍＲＮＡワクチンは筋肉注射で投与して、免疫系細胞に発現させてとりあえず効かせる、という感じで、もともとの体にある免疫系の仕組みを利用したものです。ただ、同じような形で外部から注射をしても、必ずしも目的の臓器に届くとは限りません。つまり、目標まで特異的に送り届けることができれば、精度があがります。だからいろいろな領域で研究がされていて、mRNAワクチンはその中の一つですし、あとはリポソームっていう、ごく小さな油膜で包まれた液体みたいなものを使って細胞に取り込ませようとする方法もあります。これはドラッグ・デリバリー・システムと言い、昔からガンなどいろんな治療の領域で研究をされている手法ですけれども、それを老化防止に応用しようとしているんですね。

——つまり、研究における若返りっていうのは、「ふしぎなメルモ」の赤いキャンディー青いキャンディーのように、見た目からしてもう明らかに若返るようなものではないんですね。当然といえば当然なのでしょうが。

八代：そうですね。もちろんそうしたものも一つの理想ですが、整形外科手術的に見た目がすごく若くなるとかいうようなことではなく、臓器の若返りであったり、皮膚が老化しないようリセットしたりなど、生命活動を維持するシステムのサビ落とし、というところをやっていくのだと思います。

——老化というと、近頃さかんに「フレイル」の概念が喧伝されていますが、フレイル治療の研究は進んでいるのでしょうか？

八代：フレイルも実は多様なんです。一般的には筋肉系や運動器系の衰えからくる障害をイメージすると思いますが、身体だけではなく精神的にも健康な状態と要介護状態の中間の段階とされていて、様々な状態を含んでいます。昔はフレイルという概念自体がありませんでしたが、今では広く着目されるようになりました。そのおかげで、フレイルの仕組みそのものが研究されるようになり、結果としてこれまでよりも知識が増えていくことになるでしょう。そうなるとどこを勘所として押さえたら防げるのかを見出せると思います。しかし、やっぱり一足飛びに治療ができるとするのは、今の段階ではちょっと言い過ぎになりますね。今は、遺伝的な背景と紐づけて、こういう生活をしている、こういう状況の人がフレイルになりやすいとか、こういうことをやめると改善するというようなことを、疫学的な統計で見ることは盛んになっています。

——つまり、分野の知の集積が始まっている段階と考えてよろしいですか。

八代：ようやくそういう段階です。フレイルにも色々な診断基準があります。一般的にフレイルは五要素、体重の減少、疲労感、身体活動の減少、歩行速度の低下、筋力の低下が診断基準ですよね。それに加え、精神的／心理的なフレイルや社会的なフレイルがあり、この三つで老化が構成されるんだと最近は言われるようになりました。

——ところで、今回いろいろと調べるうちに国立長寿医療研究センターというものがあるのを知ったのですが、わざわざ冠に長寿とつける研究センターができるぐらい、国家的に大きなトピックにはなっているのでしょうか。

八代：あそこは大昔、国立療養所として感染症などを中心にした長期療養所だったのですが、二〇〇〇年代の頭ぐらいに長寿医療を研究する国立の研究機関になりました。日本は世界に先駆けて高齢化が進展しているからです。東京にも東京都健康長寿医療センターという同様の研究所がありますす。東京都のほうは昨年度まで私も少しお手伝いをしていましたが、長寿研究は世界的にも注目される分野だと思います。

——そうした医療機関なり研究機関が目指しているのは、やはり健康寿命を延ばすことなのですか？

八代：基本的には加齢に伴う疾患の予防・治療に関する機関なのですが、裏返せば健康寿命を延伸するのが一番の目標ともいえますね。ご存じの通り、平均寿命はずっと延び続けています。明治の頭ぐらい、日本で最初に国勢調査が行われた時の平均寿命は四十歳代だったけど、百数十年でそれが倍になりました。健康寿命もこの二十年ぐらいで二、三歳は延びているはずです。基本的には、栄養状態や衛生状態が改善すると、あるいは医療水準が全般的に向上すると寿命自体が延びます。それに加え、健康診断技術の発達や普及によって医学の技術も向上した結果、健康寿命が伸びました。しかし、高齢化が進む未来を見据えると、かつては他の死因で亡くなるはずだった人たちが新たな疾患をもつことになる。これまでの知識だけでは足りないのではというので出てきているのがアンチ・エイジング、つまり老い自体をターゲットにした改善なのかなとは思います。

——私のような独り者として老いていかねばならない人間にとって、一番怖いのは認知症なのですが、認知症が抑制されるようになるまでにはどれぐらいかかりそうでしょうか。

八代：認知症は他の老化治療とは少し事情が異なります。確かに老化による認知の低下はありますが、いわゆる「認知症」とされる症状の原因は現在タウ仮説（注1）とアミロイドβ仮説（注2）

の二つが主な説として考えられていて、このどちらかに介入すれば症状を抑えることができるとされます。一方、老化研究がターゲットにするのはもう少し器質的なところ、たとえば臓器自体の衰えとか、そういうレベルですね。

——ちょっと意味合いが違うわけですね。

八代：ただ、老化研究については何を以て成功とするべきなのかがはっきりしていません。人によって物差しが異なるからです。さらにいえば、社会によっても、評価者によっても違います。万人が「これは老化研究の成果だ」と納得するような物差しが、今のところあまりないんですよ。社会は「活動性」を老化の物差しにするでしょう。一方、器質的なところで評価するなら老化に伴って落ちる酵素の働きを物差しにすることもできます。認知症も老化に伴って起こってくるものではあるので、それを抑制できれば成功だとする考え方もあるでしょう。他方、アポトーシス（注3）の抑制ができても、トータルとして別の機能が落ちてたら駄目なんじゃないの？ とも言えます。

——なるほど。

八代：病気の多くは、ある特定の臓器のこういう働きが落ちるから全体症状としてこれが起こります、という因果関係が整理されているので、そこを食い止めればいい。だけど、細胞の老化に伴って起こっているとされているものが、本当に老化が引き金になっているのかどうかはわかりません。たとえば、老化に悪影響を及ぼすとされる活性酸素だって、活性酸素自体は結果であって原因ではないのでは？　という説もあります。よく研究者の話はわかりづらいと批判されるのですが、別の可能性や、曖昧な部分が残っていることを知っているから断言できないんです。老化を戻したとか抑制したと明確に言えるのはみんなで基準を決めてからのことになるのでしょう。そうでないと、多分うまくいきません。

――一般読者はそういうところを短絡しがちですが、断片的な情報に惑わされない方法はありますか？

八代：身も蓋もないことを言ってしまうと科学的リテラシーを高めましょう、に尽きます。老化研究の場合だと、大前提として何か薬を飲んだらたちまち若返りますよ、なんていううまい話はないってことです。たとえば、テロメア（注4）を短くしたマウスは確かに「生きている時間」が短くなるけれども、一方で動脈硬化のような老化に伴って起こるとされる症状が起こるかというとそうじゃないんです。つまり、テロメアが短くなったからといって老衰の症状が現れるわけではない。でも、この事実をきちんと結びつけて考えられるかどうかというと、専門知識がない限り難しいでしょう。そのため、知っている知識をつなげて「テロメアを長いままにできれば老化しないんだ」と判断をしてしまいがちです。

――結局、今のところは古臭い養生訓的なものでしか健康寿命を延ばす手はないと思っておいてよろしいですか？

八代：そうですね。養生訓のような「健康的な生活」はトータルで考えると間違っていないんです。化学物質で作られている薬は切れ味も鋭いし、効くときにはすごく効くけれども、効かない人もいます。効く蓋然性が高いだけです。年々、あらゆる病気で新しい治療法がどんどん増えていますが、それだって効く人には高い効果が出るけれども、百パーセントの効果は保証されない。おまけに金銭的に高価だったり、副作用もあったりします。一方、養生訓のようなものは多くの人にとって害はないですし、継続的にちゃんとやっていると統計的に寿命が延びる人の方が多い、という経験則があります。そうであれば、そちらの方法を採るのが自然です。この部分で科学ができることは、なぜ腹八分目でよく運動する人の方がより寿命が長くなるのか理由を調べ、その特徴を取り出してくることでしょう。デビッド・シンクレアのようなアンチ・エイジングの研究者がやっているのは、そうやって得たデータを物理的なものに還元して、原因と結果を直結させようっていうことなんです。ですが、繰り返しになるけれども、化学物質に頼るとどうしても「効く人」と「効かない人」の問題が出てきます。やっぱり、基本的にうまい話はないですよというのは頭においた方がいいでしょうね。

――なるほど、やはり短絡してはダメですね。研究者による長寿本を読んでいてもう一つ気になったことがあります。彼らの長寿社会に対する未来予測が総じて楽観的であることです。これらは、彼らが社会的に高い位置にいるのと関係しているのではないかという気もしたのですが……。

八代：まったく無関係ではないかもしれませんけどね。周囲の状況がポジティブな状況であれば、人って長生きしたいと思うものなのでしょう。そうでないと厭世的な気分が出てくる。それに、どれだけ健康寿命が延伸したところで死ぬ前に衰えるのは間違いないので、誰しも周囲からの支えは絶対に必要になります。いや、そこを担うのは人間でなくてもいい、人工知能やロボットに任せればよい、というようなことをいう人もあるけど、新技術を使うには一定以上の金銭的余裕が必要です。社会的な相互扶助が整っていれば補えるところではありますが、基本的に収入の多寡で寿命を外的にセレクトさせるのは、個人的には正しいこととはやっぱり思えません。ならばどうするかについては、自分たちで考えるしかないわけなんですけれど、なかなか社会的合意を形成するのも難しいですよね。個人の選んだ答えをすべて支えられる社会であるべき、が誰も傷つけない答えなのでしょうが、それが実現できるかはなかなか……。生命に関わる新たな技術が生まれてきた時に、それを社会がどう受け入れるのか、あるいは拒否するのか。そこを個々がきちんと考えられる社会は作らないといけないとは思います。

——具体的にそういう流れはあるのでしょうか。

八代：最近であれば、ＰＰＩがあります。これはPatient and Public Involvementの略で、日本語では患者・市民参画と呼ばれるものです。患者や市民が医療研究や医療政策に積極的に関わり、意見を反映させましょう、という取り組みです。従来は医療従事者が医療を主導していたわけですが、そこに患者視点を取り入れることで、より質の高い医療を実現させていくのが目標です。

——自分が病気になった時にお医者さんと一緒に治療方針を決めるとか、そういうことではなく？

八代：もっと社会的なことですね。具体的には、研究テーマの選定や研究デザインの検討、倫理審査への参加、さらには結果の解釈や発信など、様々な段階で患者や市民に参画してもらおう、って感じです。近年、欧米を中心に広まっていて、日本でも厚生労働省などが推進しています。これが始まったのは、患者のニーズを満たすような形での医学研究をやっていく必要性があると考えられるようになったからです。最初に導入されたのはガン研究でした。ガンは取り除けばいいかもしれないけど、それでは単純に医学的に改善するだけで、他の生活上や精神上の困り事が発生するかもしれません。また、文化や宗教の文脈で医療にそういう研究をやってほしくないと考える社会もあるでしょう。そうしたことに研究はきちんと答えられているかが問われるようになってきているんです。社会を巻き込むことによって全体としての意識を高めるのが目的です。また、「責任ある研究・イノベーション」という考え方もあります。科学研究は、結局のところ社会がお金を出して支えていて、そこから生まれてくるのが未来なんだから、研究者や政策当事者だけのものじゃない。だから、一般の人たちにきちんと参加してもらって考えないといけないよね、というところです。生命研究や医療の形をどうしていくのかについては、結局のところ社会全体で考えないといけないんです。研究者は判断を社会に丸投げするのかって言われたら「そうです」としか言えませんが、誰か一人が責任を取るべきものではないですよね。やっぱりすべてを一人で解決できる天才科学者や天才政治家はどこにもいないんですよ。そして、決定する過程では、社会の上層部だけで決めるのではなく、すべての層をとりこぼさないようなあり方を考えていかないと、百年を安心して生きられる社会は作れないだろうとは思っています。

——やはり個々が社会に果たすべき役割、という視点は外せないものなのですね。ところで、先生御自身は理想的な老いをどう考えていらっしゃいますか？

八代：難しいですね（笑）。僕の両親はまだ健在ですが、七〇歳を過ぎても現役で働いていました。だから、僕自身も死ぬまで働ければなと思っています。世代交代は必要でしょうけれども、研究者なんて自分の研究テーマに近いところにいて、それでご飯が食べられるなら満足できる生き物なので、そういう状況下で家族が元気な様子を見つつ一生を終えられたらいいな、ぐらいでしょうか。

——生涯現役派でいらっしゃるわけですね。

八代：健康寿命がすごく延びている社会であるし、医学の水準も上昇しているので、少なくとも僕らの祖父母世代での七〇歳よりも心身ともに若いのは確かだと思います。人口が減っている社会では、高齢者も社会の一員として暮らせるのがいいですよね。

——私なんかはどっちかというと早々に楽隠居したい方なんですが……。

八代：（笑）。そう思っている方がたぶん多数派なんじゃないですか？　心情として全然わかるので、責める気はないんですけれど、現状の話をするならば今の年金受給者はリタイアしてからかなり長い期間年金を受け取っていて、政府もそれを過剰に尊重する政策をとっている気はするので、ある程度の是正は必要になってくるのかなとは思います。ただ、歪に感じるのは、年金受給を遅らせる方針を取りながらも、高齢者が働きやすい体制は作れていないままここまで進んできている点です。本当なら年をとった人でも働きにふさわしい報酬を受け取れる体制を作っていかなくてはならないのでしょう。とはいえ、国が全部を負えるわけではないので、民間における資本を活用する形をとり、なおかつ社会全体を組み替える工夫はしていかないといけないでしょう。そういう意味では、科学的な知見と現状分析を踏まえた社会全体の方向性を考えるべきなんじゃないかな。

――この点について、国や地方自治体はどういうふうに舵を取っていきそうでしょうか。八代さんはそうしたところにも提言するお仕事もなさっているかと思うのですが。

八代：健康寿命の延伸については、神奈川県が「未病」というコンセプトをすごく強く押し出していますが、これは予防医学的な観点ですね。基本的には老いが原因と考えられる疾患をできるだけ追い出したいわけです。フレイルの啓蒙や歯科の８０２０運動はこの流れです。結局、国の財政を圧迫させないためには健康でいてもらうのが一番であるわけですし、実際にそれしかないんですよ。老化に対する特効薬はないし、薬が作れたとしても莫大な予算が必要でしょうから。結局のところ、古典的かもしれないけど実効性のある予防医学の手法をブラッシュアップして普及をさせるのが一番です。あと、もうひとつあるとしたら、すでに流通している薬剤の中から、老化の抑制に効くようなものを見つけ出して利用することでしょうか。これはドラッグ・リポジショニングと呼ばれる手法ですけれども、例えばアスピリンのような安価で出回っている薬剤の中にも、老化にポジティブに働くかもしれないものがあります。まあ、アスピリンは長期利用するとガンの要因になる欠点があるのですが。そういったものを見つける研究に注力をするといいのかなとは思います。

――そういうのもあるのですね。やはりまだ知らないことが多いのを痛感しました。ところで、最後に一つお聞きしたいのですが、八代さん御自身は「長生きは幸せ」と思われますか？

八代：どうだろう。今はやっぱり幸せと幸せじゃない人にわかれちゃうんでしょうね。みんなが幸せであるといいなと思うんですけど。一般的には「死にたくない」が本来ですよね。長生きが幸せに感じられない社会はやっぱり歪んでいるんですよ。だから、みんなが幸せだと思える社会にするべきなんでしょう。教科書通りの答えと思われるかもしれませんが、でもやっぱりそう言い続けていかないといけないんだと思います。

もっとも顔で「なるほど」とか言いつつ、ほんとはどこまでわかっているのか実に怪しい聞き手ではあるが、老化研究の妥当性のみならず、超高齢化社会を生きていく当事者として、社会との関わりをどうしていくのか、ちょっとそれっぽく言っちゃうと「社会契約の当事者たる自分が合意形成にどう関わっていくのか」を改めて考えさせられることになった。

しつこいが、私はのほほんと老後を送りたい。できれば働きたくないし、面倒なことは人に任せてしまいたい。だが、それが難しいとあらば、やはり自力でサヴァイヴしていくしかない。

社会状況はこれからもどんどん変わっていくだろう。二〇歳の私が三十年後の現代社会をほとんど予測できなかったように（レンタルビデオショップが無くなることだけは予測していた）、今の私が三十年後、つまり八〇歳になった私の生活を予測するのは困難だ。

結局のところ、ありとあらゆる可能性を考え、備えておくしかない。ある意味、天災への備えと同じである。いくら万全のつもりでも実際にはな〜んにも役に立たなかった、なんてことだって十分あり得るのだ。

それでもやっておくしかあるまい。

たとえば十代の私は、一生懸命本を読んでいた。それも「お勉強には役に立たない」本ばかりである。ところが巡り巡ってライターとして独立することになった時、一番力になってくれたのがそういう「お勉強には役に立たない」はずの読書経験だった。

結局のところ、なにが役に立って、なにが無駄になるかなんて、最後の最後までわからないのだ。

今、着実に溜め込みつつある脂肪だって、八〇歳になってうっかり転倒した時に、骨を守るクッションになってくれるかもしれない。坂の多い街で日々ヒーコラ言いながら暮らしているのが、案外フレイル予防になっているのかもしれない。

今はそれほど感じないが、案外「長生きして幸せ」と思うような老後を送っているかもしれない。逆もまた然り、だが。

いずれにせよ、先生との対話で見えてきたことははっきりしている。

なにかあった時にも自己決定できるだけの学びを続け、時代としっかり四つに組んで生きていくこと。

これが「理想の老い方」ではないだろうか。めんどくさい時代に生まれてきたものだが、これも運命だ。

老い方を見つける長い旅も終着駅が見え始めた。一度これまでの旅を振り返りつつ、足りないピースがないか確認していきたい。

注1　タウ仮説……異常なリン酸化を受けたタウ蛋白質が神経細胞内に蓄積し、神経細胞死やシナプス損失を引き起こすことで認知機能障害が生じると考える仮説。アルツハイマー病だけでなく、前頭側頭型認知症など他の神経変性疾患にも共通する病態メカニズムとして注目されている。
注2　アミロイドβ仮説……脳内に蓄積したアミロイドβ蛋白質が神経細胞に毒性を発揮し、神経細胞死やシナプス損失を引き起こすことで認知機能障害が生じると考える仮説。アルツハイマー病の主要な原因仮説として長年研究されている。

注3　アポトーシス……細胞が遺伝子プログラムに従って自発的に死滅する過程。不要になった細胞や老化した細胞を効率的に除去するために起こり、組織の恒常性維持や形態形成に重要な役割を果たす。細胞死の形態としては、細胞膜の崩壊、核の断片化、細胞質の凝縮などが特徴である。

注4　テロメア……染色体の末端にあるＤＮＡの繰り返し配列で、細胞分裂ごとに短くなる。短縮限界に達すると細胞は老化・死滅し、これが老化や寿命と関係する。ストレスや喫煙は短縮を促進し、運動や睡眠は抑制する。

老いをサヴァイヴする

冒頭「困っている」と独白して以来、老いのロールモデルと反面教師探しから始め、老いの行程表づくりにあたって自己教育計画を心技体に分けて考え、体力テストや様々な検定に挑戦して現在地点を確かめた上、理想との乖離《かいり》をチェックしてきた。

理想の老後生活を過ごすにふさわしい環境を思い描き、その実現可能性を探っているうちに、背景に潜む二十一世紀型高齢社会の諸問題が見えてきた。

二〇四〇年には人口の三分の一が「老人」になる日本で行政が目指すのは、自助で生きられる高齢者の育成だ。医療も社会保障制度も、すべてその方向で進んでいる。しかも、コロコロコロコロ西部劇で謎草が転がっていくように制度が変わる。社会状況も刻々変化している。おまけに頼んでもいないＩＴ化がどんどん進められていく。私の場合、今はまだなんとか追いつくことはできているが、果たしていつまでもつことやら。

そう、全方向において老耄を許さない二十一世紀型の老後は「余生」なんていうのどかなものではないのだ！

……な～んて結論、一体誰が望むのだろう。

少なくとも私は嫌だ。しかし、現実が拒否権を認めてくれない。ならば落とし所を見つける他ない。

老後問題をややこしくする原因はたった一つ。老後がいつまで続くかわからない、という点だ。身も蓋もなく言うなら、いつ死ぬかわからない、からややこしい。

死期が一ヶ月後と五十年後ではやっておかなければならないことがまるで違う。同じ陸上競技でも短距離走と長距離走では練習内容がまったく異なるが、人生においてはその両方を並行してやらなければならない。そんなん大変に決まっている。

個別の問題については、一応それなりに対処方法を知ることができた。途中からほぼ「約束の地を求めて」が大きなテーマとなったが、いざという時どこに頼ればいいのかはひとまず理解できた。制度的な面や健康面の知識もなんとかなりそうだ。ある程度目処はついたと言っていい。

けれども、〝死に方探し〟の時と違い、私はまだ安心感を得られないでいる。

いやむしろ余計に不安になった面がある。

あれこれ探し回った末に浮き上がってきたのが、老年サバイバルに必要な武器は〝人間力〟である、という実に凡庸《ぼんよう》な結論だったからだ。平たく言えば人に好かれる力とでも言えばよいのだろうか。コミュニティの中で居場所を確保する力とも言えるかもしれない。

つまり、安閑と暮らしたければ老いてなおコミュニケーション強者たれ、なのである。

妥当といえば妥当な結論なのかもしれない。しかし、そんな安直な話で探究の旅を終わらせたくない。もう少し突き詰めて考えたい。

そもそも、人間力とはなんなのだろう?

世に出ている「人間力」本を眺めると、「一見性格よさげな世渡り上手」を人間力が高い人と定義しているものが散見する。だが、私のような捻くれ者にとって、それは単に器用な人というだけだ。そして、小器用なタイプ、私はどうも苦手なんである。

他だと、愛嬌がある人が人間力高し、と評価されているようにも感じる。けれども、愛嬌は生まれついての才能であり、後天的に獲得するのは難しいのではないか。天性を、さも涵養可能であるような「~力」と定義されては持たざる者としてたまったものではない。

そこで、最近はやりのＡＩさんに人間力とはどのようなものかと尋ねてみた。

そうしたら、こんな風におっしゃるのだ。

「人間力」とは、人間としての深さや強さ、品格や魅力を表す概念です。現代社会においても、「人間力」はますます重要視されるようになっています。単なる専門性や能力だけでは不十分で、状況に合わせて柔軟に対応できる適応力、他者との協調性、創造性などが求められるようになったからです。

なるほど。ネット上にあふれる情報を引っ張ってきてはまとめるのが得意なAIさんだけあって、凡庸な問いにふさわしい凡庸な答えである。

だが、しかし。

前向きに（あるいは都合よく）考えれば、凡庸とはすなわち普遍性であると言い換えられるかもしれない。やはり、世の中にとっての「人間力」とは道徳の教科書に毛が生えた程度の話なのだ。ならば一般論を把握するのも無意味ではなかろう。

そこで、AIさんが出した答えの中から、私がもっとも苦手な「他者との協調性」を身につける方法を再度AIさんに尋ねてみた。すると、即座にこんな答えが返ってきた。

・まず、相手の話に耳を傾け、自身の言動に気をつけることが大切です。相手の立場に立って考える共感性を養うことも重要です。

・チームワークを意識し、自分の役割を果たしつつ、他のメンバーとも協調して行動する習慣を身につけましょう。状況に応じて適切なリーダーシップを発揮することで、円滑な協調関係が築けます。

・意見の相違や対立が生じても、建設的な対話を通して、win-winの解決策を見出す柔軟な対応力が重要です。

なーるほど。

ＡＩさんとの対話でわかったのは、機械学習が秒で出してくることすら自分には難しいという事実だ。

まず、相手の話に耳を傾ける、についてはちゃんとしているつもりである。しかし、最近流行りの傾聴とやらは、私にはあまりしっくりこない。テクニックとしてこちらが言ったことをオウム返しされようものなら、むしろ不信感がつのる。私は話している時間が対等な、議論に近い対話を好む。でも、好まない人の方が多いのは長年の経験でわかっている。

その点、仕事でインタビューをするのは楽だ。相手の話を引き出すのが目的だから、問いを重ねながら、時々相手が言葉を見出す手助けを合いの手として入れればいい。

でも、それは仕事だからできることであって、日常会話でするものではない、と思っている。もし日常会話でもこうやれと言われるなら、都度カウンセリング料としてお金をもらいたいぐらいだ。……あ〜、もしかして、こういうところが協調性のなさと判断されるのか？　世間一般ではこれは無料で提供すべき資源なのか？　まあ、いい。そこはひとまず判断保留である。

ついでに言うなら「共感」もあんまり好きではない。正確を期すれば、共感性が評価軸としてやたらと強調されるようになって以来、なんだかアレルギーのようになってしまった。「絆」にうんざりしているのと同様の心理作用であろう。共感は勝手に湧いてくるものであって、無理やりひねり出すものではなかろう？　相手の立場に立つなら、それは感情ではなく理性によって行われるべきだ。

次、自分の言動について。ここは常に気をつけているつもりだけれども、気をつけるポイントが世間の常識とずれていては意味がない。

たとえば宴会などでは、それぞれのペースで好きなものを好きなだけ飲み食いしてほしいと私は思うので、取り分けやお酌はしない方がいいと考えている。自分もしてほしくない。だが、（最近は少し変わってきたとはいえ）世の中では取り分けやお酌が気遣いや協調性の表れと受け取られる。

このようなズレを埋めない限り、私は〝人間力〟がないと判断されてしまうことになる。なんだかんだあって、今の私は「誰も料理に手を付けなければ開始時のみ取り分けはするけれども、お酌はしないし、自分への取り分けやお酌は謝絶する」という方法で落ち着いている。けれども、こうした妥協案を見出せていない部分は多々ある。第一、妥協案がベストでもあるまい。妥協案をやったらやったで文句言われることもあるのだから。

世間的価値観とズレが多い人間がこんなことを一々考えていたら、それこそノイローゼになりそうなのだ。この点について、私は大いに自己憐憫《れんびん》することにしている。

「建設的な対話を通して、win-winの解決策を見出す柔軟な対応力」については、私はそこそこできているつもりなのだが、日本ではあまり求められていない力であるように感じる。どちらかというと「上が決めたことに唯々諾々と従う」のが柔軟な対応力と思われてはいないだろうか。つまるところ、AIさんのおっしゃるのが「人間力」の正体なのだとしたら、私は死ぬまで身につくことはないだろう。

なんだ。詰んだじゃん。

やっぱり私には無理ってわけ？

……いや、あきらめてはならないな。あきらめたらそこで試合終了って、人気漫画のカーネル・サンダースみたいなコーチも言っていることだし。

そこで、AIさんに「人間力」の強化を尋ねたところ、前の答えとほぼ同じ内容を繰り返すだけだった。やはり、AIさん任せでなく自分で考えなくてはならないらしい。シンギュラリティ（AIが人間の知性を超える）はもうすぐだと喧伝されているが、分野によってはまだまだのようだ。

そもそも、私の正体について質問したらこんな答えを返すようなヤツだもの。

門賀美央子は1987年5月20日生まれの日本の女優。2001年に映画デビューし、以降テレビドラマや映画、舞台で活躍。自然体の演技と可愛らしい容姿で人気を集める。200

9年に高校を卒業後は女優業に専念。最近では社会派映画への出演など、幅広いジャンルで活躍中。ファンからは「門賀ちゃん」の愛称で親しまれている。その著作『老い方がわからない』では体の衰えを実感しながらも、精神的には成熟していく経験をする中、表舞台の仕事柄、外見の若々しさが期待されるが、自分の内面の変化に向き合う難しさも感じている心境を書いている。（AIの答えを若干修正加筆）

どこの門賀美央子やねん、これ。

とにかく、AIさんの仕事はまだこの程度だ。思考を任すにはまったく至っていない。

そんなわけで、私なりの「老いをサヴァイヴするための人間力」を考えてみた。

健やかに老いていくための第一のフォース

人生論的エッセイの定石に従うなら、最後は明るく希望のある話題で締めくくるのが正解なのだろう。だが、極めて遺憾ながら、私たちの老後は厳しいものになると覚悟しなければならない以上、それも難しそうだ。

ズバッと言うわよ！　っぽく何かを強言する手もあるだろう。だが、あえて「私はこう思う」というところを表明するに留めたい。なぜなら、私自身もまだ迷いの最中にいるからだ。

社会状況が刻々とあまり芳しくない方向に変化し続けている今、どんなプランを立てても長期的には絵に描いた餅で終わりかねない。現時点で持ち得る希望もほんの数年先には持てなくなってしまう可能性も大だ。日本の老いを巡る状況を知るにつけ、不安は高まるばかりである。だが、ただ不安がるだけではどうしようもない。具体的プランはともかく、これから先、社会状況がどう変わっても適応できるよう心身を整え続けないといけない。

そして、この「整え続けられる力」こそ、二十一世紀の老人サバイバル時代に必要な人間力ではなかろうか、と思うのだ。

では、整え続けられる力は、具体的にどのようなフォースで構成されるのか。

第一は「受け入れ力」。我が身を取り巻く変化をひとまずは受け入れられる能力だ。

変化には世界情勢といった大きなところから、生活に関わる身近な諸々、さらに自らの心身状態までが含まれるが、おそらく一番受け入れ難いのは自分自身の変化、もっと言えば老いることで社会的弱者になっていく自分を受け入れることだろう。具体例だと「席を譲られたら素直に座る」や「年齢を理由に運転免許証の返納を勧められたら聞く耳を持つ」みたいなの。

今、五〇歳から六五歳ぐらい、つまり現役だけれどもそろそろ老いターンに入りつつある世代は親が後期高齢者になっている世代でもある。

この世代が集まると話が盛り上がる……というか同病相憐れむ、になるのが老親問題だ。子育てがいち段落ついたとホッとしたのも束の間、今度は親の老いに直面し、何らかのトラブルを抱えている。そして、その根本には「親が、言うことを聞いてくれない」問題がある。離れて暮らす親が、既に誰かの手を借りねば生活が成り立たないところまで弱っているのに、介護サービスの利用を渋る、あるいは拒絶する。

同居での家族介護が限界に来ているのに施設への入居を嫌がる。それどころかデイサービスの利用すらしてくれない。

自動車がないと不便な地域ではあるものの、車には何度か擦ったりぶつけたりしたらしき痕があるから運転を止めるよう助言しても頑として受け入れない。

すべて「老親あるある」だ。

これらの現象にはたぶん二つの心理が働いているのではないかと思う。一つには「人の世話になりたくない」「子供に迷惑をかけたくない」という、実に現代日本人らしい遠慮の塊だ。だが、その奥には自分はまだまだ老いさらばえてはおらん！　的なプライドというか、根拠のない自信があり、これら二つが複合して面倒を生む。

現在の老人が昔に比べれば随分と若いのは確かだ。サザエさんの父、磯野波平は五四歳の設定なのだそうだが、現代だとあの佇まいなら七〇歳は超えていないとおかしい。現代の五十代半ばは竹野内豊であり、福山雅治が標準――とするのはさすがに無理があろうが、周囲を見渡してもフォルムが波平の五四歳はまずいない。

けれども、その若さはあくまで過去との対比での話であり、体力や能力の衰えを免れているわけではない。それは誰でもわかっているはずなのに、つい見て見ぬふりをしてしまう。そして、きちんと認識しなければニッチもサッチもいかない段階になってしまう頃には、認識できないレベルにまで認知能力が低下している。老いると、認知症を発症しないでも、認知能力自体が落ちる。いわゆる脳がバグることが増えるのだ。私など今から既に日々自分がしでかす間抜けごととの戦いに明け暮れているわけだが、今後それが常態化すれば認知力の低下を正しく認識できなくなるだろう。

こうして「自立できないのにできているつもり老人」が爆誕する。

つもり老人は、時として自分の心身財産、さらに他人の命にまで危険を及ぼしかねない。誰にも面倒をかけていないはずが、本人の気づかないところで迷惑のタネは花開き、最後にとんでもない爆弾に結実する。思うに、迷惑とは正常な認知の光がとどかないところで育つ隠花植物なのだろう。そして、爆弾の実が破裂した時の被害は自分だけで済まない。家族はおろか、世話になってきた人や見ず知らずの他人まで巻き込んでしまう。控え目にいってまあ最悪である。

これを予防するため、まずは「誰でも五〇歳を過ぎれば、どんどん社会のメインストリームからは押し出されていく」という事実を素直に認めておく。そうすれば、タネは実をつけるまでには育たないのではないだろうか。

もちろん、今時の五〇歳なんてまだまだ働き盛り、これから社会的ステータスのトップに登り詰めようとする御仁は少なくなかろう。六五歳を過ぎても社外取締役だとか相談役なんてポジションでブイブイ言わせる人もまだまだいるはずだ。そういう意味では社会の中心には居続けられる。

　だが、物理的には確実に弱者になっていく。

　今だって、世の中のＩＴ化に全くついていけない人もいることだろう。

　スマートフォンは一応持っているものの、機能のほとんどは使わないまま。チェーンレストランでは注文用のタブレット端末を前にしてフリーズし、コンビニでセルフレジが空いていても人が並んでいる有人レジを選ぶ。

　どうしてこういうことが起こるのか。

　それは、基本的に社会が強者基準で設計運営されているからだ。

　強者といっても、別にアスリートやらセレブって話ではない。適応力や身体能力が二十代から四十代程度の人間である。それぐらいの人ならば難なくこなせることが標準となって社会システムは出来上がっている。

　年をとってくると説明書の小さな文字は読めなくなるし、ペットボトルの蓋は固くて開けられなくなるし、静脈を使った生体認証では寒い日なんかだとセンサーが静脈を認識してくれなくなる。きっと困っている人は多いはずだ。でもなかなか改善されない。困っているのは既に社会の本流からは外れた人たち、だからだ。どれだけ社会的地位が高かろうと、影響力甚大だろうと、生活上で年齢に起因する何かの困りごとに遭遇するなら、その人は社会のメインストリームからはスピンアウトするフェーズに入りつつあるのだ。

私は、対人なら三十秒もかからない注文を三分ぐらいかけてタブレット入力する時、ゴミの分別収集のために醬油の注ぎ口を瓶から外そうとして手指の力が足りずに四苦八苦する時、毎年ユーザーインターフェースが変わるe-Taxで確定申告をする時などに、しみじみ痛感するのだ。ついていけない者は捨てていく社会になったのだ、と。

だが、落ち込んでもいられない。というか落ち込む必要はない。そんなもの、捨てていく社会の方がおかしいのである。だけれども、現実には対応しなきゃいけないわけで、そんな時、私はひとまず〝できない自分〟を受け入れることにしている。受け入れた上で策を考える。

できない原因が「慣れていないから」ならば、慣れるまで繰り返す。

「理解できないから」ならば、理解できるよう調べる。

「腕力が足りないから」ならば、補助器具などを使う。

できぬならできるまでやろうホトトギス、である。

それでもなお困難であれば、もう遠慮なく他人を頼る。お店の人、行きずりの人、専門業者。とにかく私のしたいことを手伝ってくれる人なら誰でもいい。ひとりでできるもん！　は時という風とともに去りつつあることを認めるしかない。

けれども、もしできない自分を受け入れないままだとこうしたアプローチはしづらいだろう。特に最後の一手はハードルが高いはずだ。だからこそ、まだ自力でもできるうちに、自分の「できなくなる化」を予測的に受け入れ、そんな自分に漸次慣れていくしかないと思うのだ。

これが私の考える「受け入れ力」である。

もちろん老いに抗うのは悪いことではない。だが、まずは受け入れた上での方がより効果的に、今時の流行りだとコスパよく抵抗することができるのではないだろうか。

これこそ整え続けるための第一のフォースだと私は思う。

健やかに老いていくための第二のフォース

では、次に必要な、第二のフォースはなんだろうか。

それは「抗い続ける」力だと考えている。

思うに、後半生において抗うべきは大きく分けて三つではないか。

一つは「そんなものだ」。

二つは「カモにされること」。

三つは「閉じていく世界」。

まず一つ目の「そんなものだ」は、諦念と言い換えてもいいかもしれない。これから先、年齢のせいなので諦めろ、と人様から言われることはたくさん出てくるだろう。年をとるというのはそんなものなのだから、と。そして、おそらくほとんどの場合において、その御意見は正しい。

けれども、それに服するのが不本意ならば抵抗すればいい、と思っている。

あら、さっき「受け入れることが肝要」とか言ってたじゃないの、ずいぶん矛盾してるわね、と思ったあなた。

もう少し話を聞いておくんなさい。

受け入れ力が大事、なことには変わりない。だが、私は受け入れる＝無抵抗、ではないと考えている。現状を正しく認識した上で対処をすることを「抗う」と定義したいのだ。

具体的には、以下のような感じだ。


〈現状〉　日常生活に細々したミスが多い。

〈原因〉　物忘れが増えたため。

〈受け入れ拒否の場合〉　物忘れの増加を直視せず、ないことにしてそのまま放置する。

〈結果〉

一．生活上様々な支障が出る。

〈例〉ゴミ出しができずゴミ屋敷になる、料金を払い忘れて電気ガスが止まる、など。

二．人間関係が壊れる。

〈例〉約束をすっぽかす、待ち合わせを間違える、言った言わないでもめる、など。

〈受け入れた場合〉

〈結果〉

一．忘れないよう対策を打つことができる。

〈例〉ＡＩアシスタントのリマインダーを使う、ＴｏＤｏリストアプリを使うなど。

二．相手が不快に思わないよう、先手を打つことができる。

〈例〉素直に「最近物忘れが多いので当日に確認メールして」などとお願いする。


このように、私が抵抗と呼ぶのは「対処法」とも言い換えられるものだ。漢和辞典によると抵にも抗にも「防ぐ」という意味が含まれている。障害に対し、積極的に対処するのはまさに抵抗に他ならないのだ。老いによって私自身に降り掛かってくるマイナス要因を効果的に防ぎ、そいつらに支配されるのを阻むのが「抵抗力」だ。

そして、それを百パーセント活かすには、老いを素直に受け入れておかなくてはならない、というわけである。

だが、ライフハック的な対処法だけが抵抗ではない。

外部からの明らかな攻撃にも抵抗していかなければならない。

では、外部からの明らかな攻撃とはなんだろうか。

それは「老人をカモにする社会」だ。

社会がグローバル化・情報化した結果、私たちは日常的にとてつもない量の悪意にさらされるようになった。

四六時中、のべつ幕なしに送られてくるフィッシングメールが好例だろう。パソコンやスマホから情報を盗んで悪さをしようと狙う輩から、毎日のように送られてくる大量のメールはまさに悪意の塊に他ならない。

幸いなことに私はそれらの見分け方がわかるし、巧妙に偽装されていても九割方は見破れる。けれども、今後も被害から逃れられるかはわからない。手口は益々巧妙になるだろうし、私の見破り力も年とともに徐々に低下していくだろうから。

だから、私は大丈夫！　なんて過信せず、セキュリティソフトの使用や鑑定精度の高いメーラーを利用するなどして〝抵抗〟している。

また、老人対象犯罪のスタア格ともいえるオレオレ詐欺や還付金詐欺、いわゆる特殊詐欺も、今のところはターゲットになる可能性は低い。私みたいな係累がいない人間はそもそもオレオレ詐欺に引っかかりようがない。還付金詐欺に関しても、「金を取ることには労力を惜しまないが、返すことには及び腰」という社会全般のガメツさを鑑みれば、役所や企業がわざわざ返金のために電話してくるほど親切なわけがない。その認識さえ持っていれば今後も引っかからないだろう。

だが、「その認識」が頭からすっぽ抜けるようになってしまったら？　そう考えると、やはり「私だけは絶対大丈夫」なんて話にはならないわけだ。

ところで、全然関係ない話なんですけど、税金って納入が遅れたら利息がつくじゃないですか。

それなのに、取りすぎていた税金を還付する時は無利息っていうの、あれ、どういう理屈なんでしょうね？　なんか納得いかないなあ。

まあ、それはさておき。

老人を取り巻く悪意は犯罪だけではない。グレーゾーン、あるいは完全に合法だけれども倫理的にどうなの？　というケースも散見する。

たとえば催眠商法だ。

これは、悪徳業者が暇な年寄りを商店街の空きスペースやイベント会場などに集め、巧みな話術や心理操作を用いて高額な商品を購入させる商法である。具体的には「無料配布」や「格安販売」を呼び物に人を集め、面白おかしい話術で会場の雰囲気を盛り上げつつ、たくみに健康不安をあおったりしながら、商品が魅力的を通り越して、生活に必要不可欠であるかのように錯覚させる。聴衆は集団心理も相まって、まるで催眠術にかかったように購入してしまうので「催眠商法」と呼ばれる。マルチ商法でもよく使われる手法だ。要するに悪徳商法なのだが、禁止する法律はない。

催眠商法は対象への心理操作が有効なうちにフィニッシュに持ち込まなければいけない。冷静になってしまえばせっかくの催眠もおじゃんになる。だから、契約を急がせたり、断りにくい状況を作るなどあの手この手で思考を妨害するのが特徴だ。テレビの通販なんかもこの手をよく使っているので、わりと想像がつきやすいのではないだろうか。また支払い能力が低い者にはローンを組ませたり、クーリングオフがしづらい状況をわざと作ったりするなど、その悪知恵には枚挙に暇がない。

また、最近多いのが戸別訪問して「家のガラクタを買取しますよ」と言いつつ、高値のつく貴金属を一括買取と称して安く買い叩く、あるいはちょろまかす商法だ。こうした商法では、一見人当たりの良さそうな人が家までやってきて、優しい言葉で相手を懐柔する。孤独な老人なんて赤子の手をひねるようなものだ。「こんなにいい人なら任せていいわ」とかなんとか思わせたら、あとはやりたい放題。だが、一応は「双方納得した上で決めた対価を支払う」という形式を取るので規制もしづらい。商取引は当事者間の合意があれば成り立つからである。

同じような例に屋根修繕商法もあるが、これなどは少し前までうちにもよく来ていた。それも、何度も。みんな判で押したように「今、このあたりで工事をしている者ですが……」を枕詞にセールストークを始めるのだが、やってきたお兄ちゃん方はみんなとても礼儀正しい、感じのいい青年だった。しかも、どっちかというと素朴系。バシッと高級スーツを着た目から鼻へ抜けるようなタイプだと警戒心も働くだろうが、揃いも揃って田舎から出てきたばっかりの見習いっぽい雰囲気を漂わせているのだ。ああいうのに来られたら世間擦れしていないおばあちゃんなんか一発で引っかかるだろう。私なんぞは「あなた、まだ若いうちから詐欺まがいの仕事をしていたら人生駄目にするわよ。はやく正道に戻んなさい」と説教したくなったものだが……。

他にも、認知が怪しくなった老人を言葉巧みに誘導して不必要かつ高額な生命保険にいくつも加入させるビジネス、なんてのもある。これなんぞ大手の保険会社でも平気でやっている。保険会社側は保険勧誘員と加入者の間で一応は合法的に結ばれた契約なので問題ないと涼しい顔のようだが、倫理的には完全アウトである。だが、世論が盛り上がって企業を弾劾する流れにならない限り、今後もこうしたやり方は横行するだろう。

残念ながら、世の中には弱者をカモとしか考えていない邪悪な人間はいくらでもいる。邪悪とまではいかなくても一旦「仕事」と認識したらグレーなことでも平然とやってしまう〝普通の人〟も少なくない。そうした人々にとって、認知の衰えた老人は「最高のお客様」だ。

もし自分がカモにされたくない／なりたくないのであれば、最高のお客様にならないよう、事前に策を講じるしかない。

元気なうちは、意識して悪徳商法をチェックするように心がけ、やり口を学んでおこう。

パッケージは手を変え品を変えだが、すべての詐欺商法は必ず相手の歓心を買おうとする点で一致する。だから、引っかかるまではいくらでも優しく、愛想よくしてくれる。身内が聞いてくれないような愚痴にも付き合ってくれる。

あなたを騙すために。

身も蓋もない話をすれば、家族や友人でもない他人の家までわざわざやって来て、あるいはわざわざ会場を設けて、タダで延々相手をしてくれる人間なんて、なんらかの下心があるに決まっているのだ。金銭はもちろんだが、宗教の勧誘やノルマ制商法の会員獲得目的なんてのもあるだろう。タダほど高いものはない。それだけ忘れないようにしておきたい。

二十一世紀型老人サバイバルは一にも二にも情報戦だ。だから、認知が少々怪しくなってきたら、早々に介護事業者につながるべきだろう。また、成年後見制度を利用するのも有効な手だ。成年後見制度は、身寄りがない人間でも家庭裁判所が選任する法定後見人を利用できる。

介護事業者にせよ、法定後見人にせよ、公的制度でつながる人は適価、あるいは純然たるボランティア精神でサービスを提供する。時折制度を悪用する者がいないではないが、それを言い出したらキリがない。少なくともサービスを受ける側を保護する機能はあるのだから、それを信用するのが一番安全だ。

まだ判断力が落ちていないうちに、こうした人たちを自分の味方にしておけば、外部の悪意から身を守りやすい。利用できる公的サービスをチェックし、利用を躊躇わないのが「カモにならないことに抗う力」になる。

同時に、社会に対して「弱者をカモにする世の中はおかしい」と表明し続けなければならないと思う。つまり、倫理観がまともに仕事をする社会を作るよう、一人ひとりが意識しようよ、と呼びかけていきませんか?

倫理は法の網にはかからない領域を守るための、最後の砦《とりで》のようなものだ。これが壊れた社会で、弱者たる老人がまともに生きていくのは無理。倫理を道徳と思えば鼻をつまみたくもなるだろうが、功利的に考えたって倫理が生きている社会を作ることが最高の自己保身になるに決まっている。まともな社会を作り、保つことが、最大の防御なのだ。

そして、最後の抵抗だが、これは「閉じていく世界」に抗うこと、ではないだろうか。

一般的には年をとればとるほど自分の世界は狭くなっていく。退職後、何をしていいかわからなくて引きこもり状態になるのは、その典型だろう。

それに抗うには、世間との新たな関わりを自分で探していくしかない。

新たな人間関係を作るもよし、ネットでなにか発信するもよし。どのような形でもいいから、とにかく社会と関わり合うこと。もっと大きく言えば「世界と関係している自分」という自覚を失わないことが、最高の老いへの抵抗になるのだと思う。

そのためには、与えられるものを漫然と享受する、だけではだめなのだろう。

好む好まざるにかかわらず、人間社会はギブ・アンド・テイクで成り立っている。これはもう動かしようのない事実だ。ほとんどの老人はそれまでの人生で社会に対して何らかの貢献、つまり「ギブ」をしているはずである。だから、「テイク」を受け取る資格があるわけだが、長寿化すればするほど昔のギブと今のテイクの均衡が取れなくなっていく。だから、老人もギブをしてくださいね、というのが今の日本社会の流れだ。たぶん、これはもうどうしようもない。

もちろん、テイクばかりでギブしない連中を厳しく監視し、出すべきものはきっちり出させる社会にしなければならないのだが、それはそれとして、自分が社会に何を提供できるのかは考え続けないといけないなあと思っている。それが、結果的に最大の老いへの抗いになるのではないだろうか。

そろそろ結論を出そう。

善き老いは「〝そうならない〟ではなく〝そうなる〟から始める準備」をすることによってやってくる。そのためには正しい自認と覚悟が必要。

お顔の皺だって、彼らがいるのを認めなければ、皺取りクリームを買おうという気にもならない。だが、皺取りクリームをいくら塗ったところで二〇歳の肌には戻らないことだけは覚悟しておかなければいけない。

皺とともに生きるなら、しわくちゃ婆さんになってもそれを楽しめるよう己の心を整える。いや、それはいやだ、できるだけ皺の生成を回避しようと思うなら、そのために必要な美容知識のアップデートを欠かさないよう自己教育し続ける。

これが準備。

平均寿命まで生きることを想定すれば、私の老後はかなり長くなる。

その長い時間を快適に過ごすために、「Forever Young」を合言葉にするような二十世紀型の老いを、私は選ばないでおこうと思う。

老いる自分の姿を見ないふりをしたり、ごまかしたりすることなく、現状をしっかり把握しながら、受け入れるべきを受け入れる。その上で、マイナス要因には全力で抗う。

それが後半生の生き方になるならば、生を全うすることそれ自体が老境の趣味になるかもしれない。老いの期間が長くなるのであれば、フェーズによって自分を整える方法論も変化していくだろう。その変化に耐えるには自力だけではおぼつかない。必ず人の手を借りなければいけなくなる時期が訪れる。そんな時、私を支援してくれる人たち、いわばチーム門賀ともいうべき人たちをどう形作っていくか。

ここまで散々「老い＝衰え」を強調してきたわけだが、そしてそれは日々実感しているところではあるのだが、一方ではまだまだ伸ばせるポテンシャルを感じる分野も、実はあったりする。家事や会話交渉術などの、日常スキルだ。このあたりは確実に昔より上手になっている。そして、たぶん六十代ぐらいまでならまだまだスキルアップしていけそうな気がしている。ならば、これから先二十年ほどはアップしたスキルを駆使して本格的な老いに備える期間、と定義しようと思う。

近ごろは七十代や八十代といった年齢になってから新しいことを始め、目覚ましい成果を上げるスーパー老人も珍しくない。私がそれを真似られるかと言うと甚だ心許ないわけではあるが、少なくとも死ぬ瞬間まで世界に対する好奇心を失わず、自分を労ることを忘れず、できる範囲で快適に過ごしていけたらいい。

老いを受け入れることも、老いに抗うことも、シビアに、でも楽しく。

そんなことだけ心の隅っこにでもおいておけば、なんとかなるんじゃないかな。

あとはもうその時その時で気の赴くまま、好きなようにやっていくしかない。結局、**「趣味：**

自分」がうまく老いていく一番の方法なのかもしれない。

私が何歳まで生きるかはわからないが、今後の私自身にこの言葉を贈って締めくくりとしたい。

これから先、高い山も深い谷も確実にやってくるでしょうが、まったくの五里霧中ではありません。だから、お気楽にやっていきましょう。

足元を確かめながら、ぼちぼち、ぼちぼち。

あとがき

今回もなんとか無事完走することができました。

まずは取材に協力してくださった方々に改めて御礼を申し上げます。

また、本書出版にお力添えくださった方々、とりわけ前著から引き続き併走してくださった編集者の平野優佳さんに厚い感謝を捧げます。

そして何より、連載中毎回感想をくださった読者の皆様にはどれだけ励まされたことでしょう。ありがとうございました。


人は、老いを止めることはできません。しかし、老いは災害と違って突然やってくるものでもありません。目を背けずに向き合えば、きっと最後までうまく付き合えるのではないか。

今はそんなふうに思っています。

いつかどこかで振り返ることになる人生航路が、良き思い出で満ちるものになるよう、お互いがんばりましょう。

記録的猛暑の葉月に

門賀美央子

参考文献（本文中に明示したもの以外）

『ひとり暮しの戦後史―戦中世代の婦人たち―』塩沢美代子／島田とみ子　岩波新書
『別冊太陽　篠田桃紅　自分だけのかたちを求めて』平凡社
『一〇三歳、ひとりで生きる作法　老いたら老いたで、まんざらでもない』篠田桃紅　幻冬舎文庫
『一〇三歳になってわかったこと　人生は一人でも面白い』篠田桃紅　幻冬舎文庫
『一〇五歳、死ねないのも困るのよ』篠田桃紅　幻冬舎文庫
『これでおしまい』篠田桃紅　講談社
『永井荷風　ひとり暮らしの贅沢』永井永光／水野恵美子／坂本真典　新潮社
『新潮日本文学アルバム23　永井荷風』新潮社
『新版　断腸亭日乗　第六巻』永井荷風　岩波書店
『新版　断腸亭日乗　第七巻』永井荷風　岩波書店
『火曜クラブ』アガサ・クリスティ著　中村妙子訳　ハヤカワ文庫
『老いの整理学』外山滋比古　扶桑社文庫
『102歳、一人暮らし。哲代おばあちゃんの心も体もさびない生き方』石井哲代　中国新聞社
『老いのさわやかひとり暮らし』吉沢久子　集英社文庫
『89歳、ひとり暮らし。お金がなくても幸せな日々の作りかた』大崎博子　宝島社文庫

『増補版　九十歳。何がめでたい』佐藤愛子　小学館文庫
『凶暴老人　認知科学が解明する「老い」の正体』川合伸幸　小学館新書
『ＡＧＥＬＥＳＳ「老いない」科学の最前線』アンドリュー・スティール 著　依田卓巳／草次真希子／田中的 訳　NewsPicksパブリッシング
『ワーク・シフト　―孤独と貧困から自由になる働き方の未来図〈２０２５〉』リンダ・グラットン 著　池村千秋 訳　プレジデント社
『ＬＩＦＥ　ＳＨＩＦＴ　１００年時代の人生戦略』リンダ・グラットン／アンドリュー・スコット 著　池村千秋 訳　東洋経済新報社
『ＬＩＦＥ　ＳＨＩＦＴ２　１００年時代の行動戦略』アンドリュー・スコット／リンダ・グラットン 著　池村千秋 訳　東洋経済新報社
『ギグ・ワーカーの現実』ニコール・トーレス 著　飯野由美子 訳　ダイヤモンド社
『ギグ・エコノミーで生き残るための４つのつながり』ジャンピエロ・ペトリグリエリ／スーザン・Ｊ・アシュフォード／エイミー・レズネスキー 著　飯野由美子 訳　ダイヤモンド社
＊他、各種論文なども参照しました。

初出　双葉社文芸総合サイト　「ＣＯＬＯＲＦＵＬ」
二〇二三年二月十日～二〇二四年五月二十七日

門賀美央子●もんがみおこ

1971年、大阪府生まれ。文筆家。主な著書に『ときめく妖怪図鑑』『ときめく御仏図鑑』『文豪の死に様』『死に方がわからない』など。

老《お》い方《かた》がわからない

2024年11月23日　第1刷発行

著　者―― 門賀美央子《もんがみおこ》

発行者―― 島野浩二

発行所―― 株式会社双葉社

東京都新宿区東五軒町3-28　郵便番号162-8540
電話03(5261)4818〔営業部〕
03(6388)9819〔編集部〕
http://www.futabasha.co.jp/
(双葉社の書籍・コミック・ムックが買えます)

DTP製版――株式会社ビーワークス

印刷所―― 大日本印刷株式会社

製本所―― 株式会社ブックアート

カバー印刷―― 株式会社大熊整美堂

ISBN978-4-575-31916-3 C0095

好評既刊

行きつ戻りつ死ぬまで思案中

垣谷美雨

人づきあい、老後のあり方、家族のこと、「よくぞ言ってくれた！」と思わず膝を打つこと必至！　垣谷節炸裂の初エッセイ集。

四六判並製

定価1600円＋税

好評既刊

ネコさんの「心にしみる」
おひとりさま名言

籔本正啓（ネコ坊主）著
今田仁義　写真

ひとりで生きると決めた人。ひとりになってしまった人。不安で寂しくて眠れない夜。「おひとりさまの天才」のネコさんたちが、そっとあなたを励ましてくれる。

四六判並製

定価1400円＋税